Você Faz a Diferença

JOHN C. MAXWELL

Você Faz a Diferença

Como sua atitude pode revolucionar sua vida

Tradução de
Valéria Lamim Delgado Fernandes

THOMAS NELSON BRASIL

Rio de Janeiro
2006

Título original
The difference maker

Supervisão editorial
Nataniel dos Santos Gomes

Tradução
Valéria Lamim Delgado Fernandes

Capa
Valter Botosso Jr.

Copidesque
Silvia Rebello

Revisão
Margarida Stelmann

Projeto gráfico e diagramação
Júlio Fado

CIP-BRASIL. CATALOGAÇÃO-NA-FONTE
SINDICATO NACIONAL DOS EDITORES DE LIVROS, RJ.

M419v

Maxwell, John C., 1947-
Você faz a diferença: como sua atitude pode revolucionar sua vida / John C. Maxwell; tradução de Valéria Lamin Delgado Fernandes. - São Paulo: T. Nelson, 2006
Tradução de: The difference maker
ISBN 85-60-30300-6

1. Sucesso. 2. Atitude (Psicologia). I. Título.

06-3546. CDD 650.1
CDU 65.011.4

Rua Nova Jerusalém, 345 – Bonsucesso
Rio de Janeiro – RJ – CEP 21402-325
Tel.: (21) 3882-8200 Fax: (21) 3882-8212 / 3882-8313
www.thomasnelson.com.br

Dedico este livro às minhas assistentes:

Barbara Brumagin (1981-1992)
e Linda Eggers – (1995 – até o momento)
Obrigado por seu coração servil e
por suas habilidades pessoais,
competência, lealdade e amizade.
A atitude de vocês
fez diferença em minha vida!

Encaminho igualmente meus agradecimentos a
Charlie Wetzel, meu redator;
Stephanie Wetzel, que corrige e edita o manuscrito;
e à Linda Eggers, minha assistente.

SUMÁRIO

1 *De onde vem* sua atitude?

Você já ouviu alguém dizer: "Atitude é tudo"? Esta parece ser a linha preferida de alguns palestrantes motivacionais. Segundo eles, uma grande atitude é tudo de que você precisa para ter sucesso. Infelizmente, isso não é verdade.

Dou muitas palestras profissionais. Todos os anos, faço exposições em eventos para 250 mil pessoas. E realmente acredito que é possível motivar os outros. No entanto, não me considero um palestrante motivacional. Considero-me um *professor* motivacional. Isso pode parecer um detalhe técnico, mas aqui está a diferença. Um palestrante motivacional faz você se sentir bem, mas, no dia seguinte, você já não sabe por que está bem. Um professor motivacional também faz você se sentir bem, mas, no dia seguinte, você tem algo que de fato irá ajudá-lo.

É ilusória a promessa de que atitude é tudo. Na verdade, se você acredita que atitude é tudo, isso de fato pode mais machucá-lo do que ajudá-lo. Se assim fosse, então a única coisa que separaria a minha carreira da de um cantor bem-sucedido seria eu acreditar que posso cantar. Mas, acredite, há outro fator que se põe no meu caminho: talento. Se você já assistiu ao reality show *Ídolos*, então sabe do que estou falando. Fico impressionado com o número de candidatos terríveis que responde às duras críticas do júri dizendo coisas como “Sei que posso cantar. Essa é só a sua opinião”. De fato, nenhuma atitude é suficientemente forte para compensar a falta de habilidade.

Então uma boa atitude faz alguma diferença? Totalmente. É a atitude que faz diferença! *Atitude não é tudo, mas é uma coisa que pode fazer diferença em sua vida*. William Clement Stone, empresário, filantropo e autor, afirmou: “Há uma pequena diferença nas pessoas, mas essa pequena diferença tem grades efeitos. Essa pequena diferença chama-se atitude. A grande diferença é se essa atitude é positiva ou negativa”.

O objetivo deste livro não é *impressioná-lo* dizendo que atitude é tudo, mas *mostrar-lhe* que sua atitude é o que faz diferença em sua vida. Para isso, quero ajudá-lo a entender de onde vem sua atitude, o que ela *pode* e *o que ela não pode* fazer por você e como você pode fazer dela uma qualidade. Também quero fazê-lo entender como lidar com os Cinco Grandes Obstáculos à Atitude que todos enfrentam: desânimo, mudança, problemas, medo e fracasso. Se for como a maioria das pessoas, você tem de lidar com, pelo menos, uma dessas questões *todo santo dia*! Façamos esta jornada juntos, observando, primeiramente, alguns princípios básicos sobre a atitude.

O que é atitude?

Em todo caso, o que é atitude? Ao ouvir essa palavra, no que você pensa? Penso em atitude como um sentimento interior que se expressa pelo comportamento exterior.

As pessoas sempre projetam no exterior o que sentem no interior. Algumas pessoas tentam encobrir sua atitude e podem enganar os outros por um tempo. Mas essa "capa" não dura muito tempo. A atitude sempre vem à tona.

Meu pai gosta de contar a história de um menino de quatro anos que acabou de castigo depois de brigar com a mãe.

– Você vai ficar sentado naquela cadeira até que eu mande você sair – disse a mãe, frustrada.

O menino sentou-se, temendo um castigo mais severo, e disse:

– Tá bom, mamãe. Parece que eu tô sentado, mas, por dentro, eu tô em pé.

Sua atitude dá cor a cada aspecto de sua vida. É como o pincel da mente. Ela pode pintar tudo de cores claras ou brilhantes, criando uma obra-prima, ou transformar tudo em algo escuro e sombrio. A atitude é tão penetrante e importante que cheguei a imaginá-la assim:

É o homem de vanguarda que está dentro de você.

Suas raízes ficam no interior, mas seu fruto é exterior.

É sua melhor amiga ou pior inimiga.

É mais honesta e consistente a seu respeito do que suas próprias palavras.

É sua visão externa com base em suas experiências do passado.

É o que aproxima as pessoas de você ou que as afasta.

Nunca está satisfeita até que seja expressa.

É a biblioteca de seu passado.

É a porta-voz de seu presente.

É o profeta de seu futuro.

Não há uma única parte de sua vida no momento que não seja afetada por sua atitude. E seu futuro definitivamente será influenciado pela atitude que você levar consigo de hoje em diante.

> *Sua atitude dá cor a cada aspecto de sua vida.*
> *É como o pincel da mente.*

De onde veio minha atitude?

Se sua atitude é tão importante, então você talvez esteja se perguntando: *De onde ela veio? Empaquei nela a minha vida inteira, aceitando todas as conseqüências?* Primeiro, observemos a questão que trata da origem de sua atitude.

1. Personalidade – quem é você

Dois homens saíram para pescar. Quando o peixe deixava de morder a isca, eles começavam a conversar. Um homem elogiou a esposa e exaltou suas muitas virtudes, resumindo-as com as seguintes palavras:

– Sabe, se todos os homens fossem como eu, eles todos gostariam de estar casados com a minha esposa.

– E se fossem como eu – replicou o outro – nenhum deles gostaria de estar!

Todos são diferentes. Cada pessoa nasce como um ser único. Todos somos tão diferentes quanto o são as nossas impressões digitais. Isso se aplica até a irmãos dos mesmos pais e criados na mesma família. Até gêmeos que são geneticamente idênticos têm personalidades distintas.

Seu tipo de personalidade – seu "jeitão" natural – impacta sua atitude. Isso não quer dizer que você esteja preso à sua personalidade, não está. Mas sua atitude certamente sofre o impacto dela.

2. Ambiente – o que está à sua volta

O ambiente ao qual você foi exposto enquanto crescia definitivamente tem um impacto sobre sua atitude. Seus pais se divorciaram? Isso pode levá-lo a ter uma atitude desconfiada com relação às pessoas do sexo oposto. Alguém próximo a você morreu? Isso pode induzi-lo a ter uma atitude de distanciamento emocional dos outros. Você cresceu em um bairro pobre? Isso pode instigá-lo a ter uma atitude obstinada com relação à realização. Em contrapartida, isso também poderia levá-lo a ter vontade de desistir mais facilmente.

Talvez seja difícil prever exatamente *o que* acontecerá com a atitude de uma pessoa se você considerar apenas o ambiente em que ela viveu os primeiros anos de sua vida; contudo, você pode ter certeza de que ele causou um impacto de algum tipo. Minha esposa e eu adotamos nossos dois filhos e, com base nessa experiência, acreditamos que a genética é o fator preponderante no que diz respeito a determinar atitudes. Mas também verificamos, na prática, que o ambiente faz diferença.

3. A expressão dos outros – o que você sente

A maioria das pessoas consegue lembrar-se das palavras duras de um pai ou professor depois de anos ou décadas do ocorrido. Algumas pessoas carregam as cicatrizes de tais experiências por toda a vida. Em meu livro *Winning with People* [Ganhando com as pessoas], o Princípio da Dor diz: "Pessoas magoadas magoam pessoas e se deixam facilmente magoar por elas". Muitas vezes, as mágoas que levam as pessoas a reagir de forma exagerada são fruto de palavras negativas que ouviram de outros.

De igual modo, palavras positivas podem ter um impacto sobre a atitude de uma pessoa. Você consegue se lembrar das palavras positivas de seu professor preferido ou de outro adulto importante para você? Algumas palavras podem mudar o modo como uma pessoa se vê e podem mudar o curso de sua vida. Charlie Wetzel, meu redator, lembra-se das palavras de sua irmã, Barbara Rensink, quando ele tinha 18 anos. Ele não sabia muito bem o que fazer da vida naquela época, e ela lhe disse que achava que ele tinha talento para cozinhar e misturar sabores. Ele nunca havia pensado nisso antes. Tais palavras levaram-no a procurar, por dez anos, aprender tudo o que fosse possível sobre comida, culinária e negócios no ramo de restaurantes. E isso o levou à sua primeira profissão: *chef* profissional de restaurante.

4. Auto-imagem – como você se vê

O modo como você se vê tem um grande impacto sobre sua atitude. Uma auto-imagem deficiente e atitudes medíocres muitas vezes andam de mãos dadas. É difícil ver algo positivo no mundo se você se vê de modo negativo.

Dwayne Dyer recomenda: "Examine os rótulos que você se atribui. Todo rótulo é um limite ou uma restrição que você não se permitirá transpor". Se você estiver com dificuldades para chegar aonde deseja, talvez o problema esteja dentro de você. Se não mudar seus sentimentos interiores a seu respeito, você será incapaz de mudar suas ações externas com relação aos outros.

5. Expor-se a oportunidades de crescimento – o que você experimenta

Voltaire, escritor e filósofo iluminista, comparou a vida a um jogo de cartas. Os jogadores devem aceitar as cartas que lhes foram dadas. No entanto, uma vez com aquelas cartas em mão, somente eles é que escolhem como irão jogá-las. São eles que decidem que riscos correr e ações praticar.

Nem todas as oportunidades de crescimento que as pessoas experimentam são iguais. Em minha fase de crescimento, meus pais sempre me colocaram diante de novas experiências que me moldariam. Levaram-me para fazer o curso "Como fazer amigos e influenciar pessoas", de Dale Carnegie, e outros enquanto eu estava no ensino fundamental e no ensino médio. De vez em quando, meu pai tirava-me da escola por uma semana para que eu pudesse viajar com ele enquanto ele cumpria suas responsabilidades como líder de nossa denominação religiosa. Ele me levou para ouvir grandes evangelistas e missionários. Meus pais até pagavam para que eu lesse livros que moldariam meu modo de pensar. Faziam tudo o que estava ao seu alcance para cultivar uma atitude aberta ao crescimento pessoal. Quando adulto, continuei a adotar essa atitude e a tentar passá-la para meus filhos e netos.

Nem todos têm a mesma sorte que eu tive. Se você teve uma educação parecida com a minha, agradeça aos seus pais. No entanto, se você raramente foi exposto a experiências para seu crescimento ou arrancado de sua zona de conforto, talvez tenha de se esforçar para cultivar uma atitude positiva com relação ao seu crescimento pessoal positivo.

6. Cercar-se de colegas – com quem você anda

Sempre ouvimos falar de jovens problemáticos que, pelo que consta, foram crianças comportadas que acabaram por andar com as companhias erradas. É verdade que você começa a se parecer com as pessoas com quem passa muito tempo. Se uma criança comportada passa o tempo todo com pessoas que têm pouco caráter moral, trata-se apenas de uma questão de tempo para que ela comece a exibir o mesmo tipo de caráter moral. De igual modo, se uma pessoa que tem uma boa atitude passar o tempo todo com indivíduos que exibem atitudes negativas, adivinhe o que acontecerá com ela? Ela começará a desenvolver uma atitude negativa. Talvez ela pense que poderá mudá-los, mas, se ela fizer parte da minoria e não tiver uma trégua do negativismo desses indivíduos, serão eles que a estarão influenciando, e não o inverso.

7. Crenças – o que você pensa

Muitos dos fatores que mencionei que se juntam para formar sua atitude começaram em seu passado. Mas você sabe o que mais molda e sustenta sua atitude hoje? Os seus pensamentos. Como autor e empresário de sucesso, Bob Conklin mostrou no trecho transcrito a seguir que os pensamentos têm um grande impacto sobre você:

> Posso fazê-lo subir ou cair. Posso agir em seu favor ou contra você. Posso torná-lo um sucesso ou um fracasso.
>
> Controlo o modo como você se sente e o modo como age.
>
> Posso fazê-lo rir... trabalhar... amar. Posso fazer seu coração cantar de alegria... de emoção... de euforia.
>
> Ou posso fazê-lo miserável... abatido... mórbido.
>
> Posso deixá-lo doente... apático.
>
> Posso ser como uma algema... pesada... presa... incômoda.
>
> Ou posso ser como a nuança do prisma... dançando... brilhante... passageira... perdida para sempre a menos que seja capturada pela caneta ou pelo intento.
>
> Posso ser alimentado e cultivado até ficar grande e formoso... visto pelos olhos dos outros quando em você me transformo em ação.
>
> Nunca posso ser removido... somente substituído.
>
> Sou um PENSAMENTO.
>
> Por que não me conhecer melhor?[1]

Todo pensamento que você tem molda sua vida. O que você pensa sobre seu vizinho revela sua atitude para com ele. Seu modo de pensar sobre seu trabalho revela sua atitude para com ele. Seus pensamentos sobre seu cônjuge, sobre as pessoas que encontra pelo caminho durante a hora do *rush* e sobre o governo criam sua atitude para com cada um deles.

> *A soma de todos os seus pensamentos compreende sua atitude geral.*

Samuel Johnson, poeta, crítico e autor de um dicionário da língua inglesa, observou: "Quem conhece tão pouco a natureza humana a ponto de buscar a felicidade por mudar qualquer coisa menos sua própria disposição desperdiçará a vida em esforços inúteis e aumentará a dor que intenta remover". A maioria das pessoas deseja transformar o mundo a fim de melhorar a própria vida, mas o mundo que elas precisam transformar em primeiro lugar é aquele que está dentro delas. Essa é uma escolha – uma escolha que alguns não estão dispostos a fazer.

Em uma tira do *Snoopy*, de Charles Schulz, Lucy diz para seu irmãozinho Linus:

– Caramba! Tô uma pilha.

– Talvez eu possa ajudar você – responde Linus, sempre disposto a ser útil. – Por que você não fica aqui no meu lugar, em frente da televisão, enquanto vou preparar um belo lanche pra você? Às vezes a gente precisa de um pouquinho de mimo pra se sentir melhor.

Linus volta com um sanduíche, biscoitos com pedacinhos de chocolate e um copo de leite.

– Agora – ele pergunta – tem mais alguma coisa que eu possa pegar pra você? Tem alguma coisa que não passou pela minha cabeça?

Lucy segura a bandeja, dizendo:

– Sim, você não pensou em uma coisa.

E então grita:

– Eu não quero me sentir melhor!

Nos primeiros anos de vida, você não tem muitas escolhas. Não escolhe onde e quando nascer. Não escolhe seus pais. Não escolhe sua raça, seu tipo de personalidade ou sua formação genética. Não escolhe seu estado de saúde. Tudo o que você é e quase tudo o que faz não dependem de você. Você tem de conviver com as condições nas quais se encontra. Lembrando novamente Voltaire, você começa com as cartas que lhe foram dadas.

Contudo, quanto mais você vive, mais sua vida é moldada por suas escolhas. Você decide o que comerá, esta é uma das formas mais comuns pelas quais as crianças pequenas começam a firmar sua independência. Decide com que brinquedos deseja brincar. Decide se fará sua lição de casa ou assistirá à televisão. Escolhe os amigos com quem deseja passar seu tempo. Decide se concluirá o ensino médio, se irá para a faculdade, com quem se casará, o que fará para ganhar a vida. Quanto mais vive, mais escolhas você faz – e mais responsável você é pelo rumo que sua vida está tomando.

Representado visualmente, trata-se de algo assim:

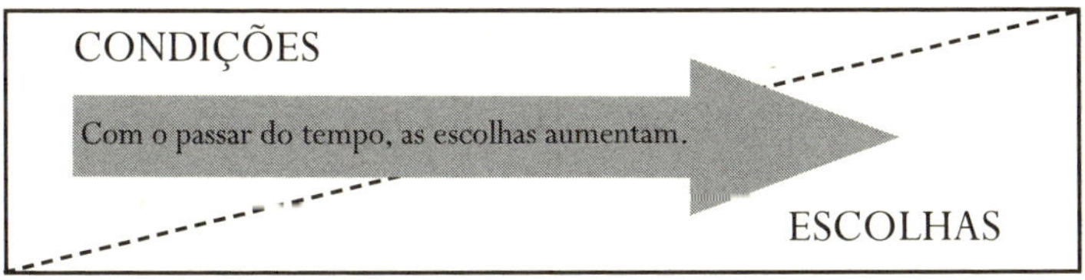

É óbvio que este gráfico não representa precisamente a vida de todas as pessoas. Mas em geral, quanto mais vivemos, menos as condições ditam o modo como pensamos e agimos, e mais nossas escolhas determinam o modo como vivemos. E uma dessas escolhas é nossa atitude.

Não sei que tipo de circunstâncias você teve de enfrentar na vida. Talvez você tenha passado por momentos realmente difíceis. Talvez tenha passado por muita dificuldade ou sofrido tragédias terríveis. No entanto, sua atitude ainda é escolha sua.

Talvez a história mais extraordinária que li diante de circunstâncias atrozes e da tragédia pessoal seja a de Viktor Frankl. Nascido em 1905, Frankl cresceu em Viena e mostrou um interesse precoce pela psiquiatria. Quando adolescente, correspondeu-se com Sigmund Freud. Este impressionou-se com um artigo enviado pelo jovem de tal modo que o encaminhou para que fosse publicado em um jornal profissional de psiquiatria.

Frankl tornou-se um médico de sucesso em Viena aos 25 anos, mas, em 1942, quatro anos após a invasão da Áustria pelos nazistas, ele foi capturado com outros judeus austríacos e jogado em um campo de concentração. Enquanto estava ali, sofreu atrocidades indescritíveis e perdeu toda a sua família: a esposa grávida, os pais e o irmão.

Durante o restante da II Guerra Mundial, Frankl ficou preso em campos de concentração, incluindo o campo notoriamente brutal de Auschwitz. A maioria de seus companheiros de prisão foi morta ou desistiu. O mesmo não aconteceu com Frankl. Ele não só manteve a esperança, como também ajudou os outros a encontrarem-na. Anos depois, Frankl contou a Holcomb B. Noble, do *New York Times*, que "a última das liberdades humanas [é] escolher que atitude tomar em quaisquer circunstâncias, escolher o seu próprio caminho".[2]

Milagrosamente, Frankl sobreviveu ao tempo que passou nos campos de concentração. E, após a guerra, decidiu usar sua experiência para ajudar os outros. Voltou a estudar e obteve o título de Ph.D. Desenvolveu a logoterapia, muitas vezes conhecida como a "Terceira Escola Vienense de Psicoterapia". Essa terapia se baseia na vontade de uma pessoa de encontrar sentido e expressa-se, em parte, pela atitude que tomamos com relação ao sofrimento inevitável.[3]

Até completar 85 anos, Frankl lecionou em Viena como professor de neurologia e psiquiatria. Deu palestras em duzentas e nove universidades pelos cinco continentes. Recebeu 29 doutorados honorários e teve mais de 150 livros publicados, em 15 idiomas diferentes, sobre sua vida e sua obra. Durante os bons e os maus tempos, sua atitude foi positiva.

"Todo homem é questionado pela vida", Frankl certa vez disse, "e ele só pode responder à vida respondendo por sua própria vida; ele só pode responder à vida sendo responsável".

Para mudar sua vida, você deve optar por assumir a responsabilidade por sua atitude e fazer o possível para que a sua escolha dê certo. Sua atitude realmente pode vir a fazer diferença. Depende de você.

2 *O que sua atitude* não pode fazer por você

Li um artigo no jornal *USA Today* que chamava a atenção para questões que professores e funcionários de universidades estão tendo de discutir com muitos jovens que agora estão entrando na vida adulta. Esses indivíduos foram frutos do movimento pela auto-estima da década de 1980. Muitos têm atitudes notáveis sobre si mesmos. No entanto, suas opiniões positivas consigo mesmos e suas habilidades muitas vezes estão fora da realidade.

Deborah Stipek, reitora da faculdade de educação da Universidade de Stanford, diz: "Muitas vezes recebo alunos de pós-graduação, que estão fazendo doutorado, que sempre foram alunos excelentes, e, na primeira vez em que eles recebem uma resposta rígida, o tipo que é preciso para desenvolver habilidades, [eles reagem mal]. Tenho uma caixinha de lenço de papel em meu escritório porque eles não lidam bem ao se depararem com tal situação pela primeira vez".[1]

Roy Baumeister, professor de psicologia da Universidade do Estado da Flórida, vem estudando a auto-estima há mais de trinta anos. Segundo ele, ela seria uma chave para ajudar as pessoas a terem sucesso, mas não foi. "Nem de longe chegou aos benefícios que esperávamos", ele diz. "Foi uma das maiores decepções de minha carreira".[2]

Você não pode desvincular a atitude da realidade e, com isso, esperar sucesso. Tenho de admitir que nem sempre tive esse ponto de vista. (Um certo sinal de que nos desenvolvemos intelectualmente é o fato que, ao longo do tempo, nossos pensamentos mudam). Se você tivesse perguntado para mim sobre a importância da atitude 20 anos atrás, eu teria dito: "Sua atitude é a única diferença entre o sucesso e o fracasso. Você é apenas um sonho longe do sucesso!" Naquela época, eu achava que, se você acreditasse, poderia alcançá-lo, e tudo o que tinha de fazer era dar um jeito para as coisas acontecerem.

> *Você não pode desvincular a atitude da realidade e, com isso, esperar sucesso.*

Hoje reconheço que, embora aqueles tipos de afirmações pudessem motivá-lo, se você acreditar que somente um sonho pode trazer sucesso, irá se frustrar. Aquelas afirmações simplesmente não eram verdadeiras. Conheço muitas pessoas que têm uma ótima atitude, mas não são bem-sucedidas. Você não conhece? Quando todas as outras coisas são iguais, a atitude pode fazer diferença, mas ela sozinha não faz isso.

Por exemplo, digamos que duas pessoas se candidatem para o mesmo emprego. Uma tem grandes habilidades e talento natural, dez anos de experiência e uma boa atitude.

A outra tem uma *ótima* atitude e nenhuma experiência. Quem fica com o emprego? Provavelmente aquela que tem as melhores habilidades e experiência. Por quê? Porque uma ótima atitude não completa o que falta. No entanto, o que aconteceria se os dois candidatos fossem quase iguais em termos de habilidade e experiência? Neste caso, o que tivesse a melhor atitude ficaria com o emprego facilmente.

Em que situação a atitude não pode fazer diferença

A atitude faz diferença. É algo a mais; dá uma vantagem. É algo que soma, mas não substitui. Aqui estão algumas coisas que sua atitude *não pode* compensar:

1. Sua atitude não pode substituir a competência

Algumas pessoas parecem confundir confiança, que é uma função da atitude, com competência, que é uma função da habilidade. Ou acreditam que uma pode ser substituída pela outra. Mas as duas são claramente distintas. Se você *achar* que pode fazer algo, isso é *confiança*. Se *puder* fazê-lo, isso é *competência*. As duas coisas são necessárias para o sucesso. Uma ótima atitude pode ajudá-lo *como pessoa*. Pode deixá-lo mais contente, mais à vontade quando estiver perto de outras pessoas, mais apto para resolver problemas difíceis. Mas não pode ajudá-lo *em termos de posição*. Se você não puder contar com a competência, então terá problemas.

> *Se você achar que pode fazer algo, isso é confiança. Se puder fazê-lo, isso é competência. As duas coisas são necessárias para o sucesso.*

Para ver a importância da competência, pense no quanto a desejamos nos outros. Quando contratamos funcionários, é claro que desejamos que eles sejam altamente competentes. Queremos encontrar as melhores pessoas que pudermos. Peter Drucker, especialista em administração, certa vez disse para meu amigo Bill Hybels que as pessoas que ele queria contratar para a equipe dificilmente eram infelizes ou improdutivas. "Se encontrar alguém cujas qualificações pareçam boas, mas essa pessoa for infeliz ou improdutiva, tenha muito cuidado", disse Drucker. "O tipo de gente que você está procurando provavelmente está fazendo grandes contribuições e corrigindo equívocos em algum lugar. Essas pessoas provavelmente são felizes e muito amadas por aquelas com quem trabalham. Vá atrás desse tipo de gente. Vá atrás de competência comprovada".[3]

Liderando e desenvolvendo pessoas há mais de 35 anos, descobri que a incompetência é uma grande distração para as pessoas em uma organização. Quando alguém da equipe é incapaz de ter um desempenho no nível adequado – mesmo tendo uma grande atitude –, o líder e os outros membros da equipe desviam sua atenção do objetivo principal. Eles acabam por passar muito tempo tentando colocar a pessoa incompetente "na linha".

Em meu livro, *As 17 incontestáveis leis do trabalho em equipe*, a Lei da Corrente diz: "A força da equipe é impactada pelo elo mais fraco". Isso sempre se aplica a qualquer equipe. Em muitas ocasiões não se pode resolver esse problema simplesmente adotando uma atitude positiva. No entanto, ele pode mudar se a pessoa fraca se concentrar rapidamente e desenvolver a competência.

2. Sua atitude não pode substituir a experiência

Uma raposa, um lobo e um urso saíram para caçar e cada um deles conseguiu um veado. Logo em seguida, houve uma discussão para decidir como eles deveriam dividir os restos.

O urso perguntou ao lobo como ele achava que a partilha deveria ser feita. O lobo respondeu:

– É simples. Cada um de nós deve ficar com um veado.

Tão logo o lobo terminou de falar, o urso comeu o lobo.

Então o urso perguntou o que a raposa sugeria para repartir os restos. A raposa ofereceu seu veado ao urso e sugeriu que ele levasse o do lobo também.

– De onde veio tanta sabedoria? – perguntou o urso.

– Do lobo – respondeu a raposa.

Há momentos em que não há substituto adequado para a experiência. O problema que acontece com a experiência, entretanto, é que você raramente a tem antes de precisar dela.

O problema que acontece com a experiência é que você raramente a tem antes de precisar dela.

A experiência muitas vezes é um professor rígido, pois o teste é aplicado primeiro e as lições vêm depois. É provável que essa seja a razão para a velha afirmação: "Quando uma pessoa com experiência se encontra com uma pessoa que tem dinheiro, a pessoa com experiência consegue o dinheiro e a pessoa que tem o dinheiro consegue a experiência!"

No tempo em que eu pensava que atitude era tudo, tentei contratar pessoas com as melhores atitudes e imaginei que poderia fazê-las desenvolver suas habilidades. Agora que estou mais velho e mais experiente, percebo que inverti as coisas. Hoje em dia, o que mais conta para mim, no momento em que contrato alguém, são a habilidade do candidato ao cargo. Aqui está a razão: em se tratando de talento e habilidade, o crescimento da pessoa é limitado. Em uma escala de 1 a 10, a maioria das pessoas pode aperfeiçoar-se em uma área de conhecimento apenas cerca de dois pontos. Então, por exemplo, caso você naturalmente receba nota 6 como líder, talvez possa chegar a um 8 se você se esforçar para isso. No entanto, caso receba um 2, você pode se esforçar o quanto quiser e ainda assim não chegará sequer a um 5. O velho ditado usado pelos treinadores é verdadeiro: "você não pode tirar o que Deus não colocou".

Atitude, no entanto, é um outro assunto. Não há limite para o crescimento. Até uma pessoa cuja atitude seja um 2 pode chegar a um 10. Portanto, até alguém que não tinha as melhores atitudes pode virar o jogo.

No dia em que decidi, como líder, contratar somente pessoas com ótimos currículos para cargos importantes em minha empresa, minha vida profissional mudou. Toda a equipe passou a ser mais produtiva e meu empreendimento começou a ir para outro nível. Isso não quer dizer que comecei a contratar pessoas com atitudes ruins; não contratei. Não era uma decisão entre uma coisa ou outra. Era uma decisão que incluía ambas as coisas. Competência, experiência e atitude positiva são uma combinação de sucesso.

3. Sua atitude não pode mudar os fatos

Uma das descobertas interessantes que os pesquisadores fizeram sobre a atitude foi que ela tem um impacto sobre a saúde das pessoas. Um estudo realizado pela Universidade do Texas descobriu que os idosos que tinham uma atitude positiva continuavam mais fortes fisicamente do que os que eram pessimistas.[4] De fato, esta é uma boa notícia. Mas aqui está a má notícia: independentemente de quão boa sua atitude seja, ela não o impedirá de envelhecer. É assim que as coisas são.

Há certas coisas na vida que são simplesmente fatos, e sua atitude não as mudará. Se você for adulto, sua altura é a que tem de ser. Se você quiser jogar na posição de pivô na NBA (Associação Norte-Americana de Basquete) e só tiver 1,60 metro de altura, esqueça. A atitude mais positiva do mundo não vai mudar isso. Problemas podem ser discutidos e solucionados. Sobre os fatos, você só precisa aprender a conviver com eles. Gosto do que a poetisa Maya Angelou diz sobre a questão: "Se você não gosta de algo, mude-o. Se não puder mudá-lo, mude sua atitude. Não se queixe".

4. Sua atitude não pode substituir o crescimento pessoal

Ernest Campbell, ex-membro do corpo docente do Union Theological Seminar, em Nova York, contou a história de uma mulher que comprou um papagaio em uma loja de animais porque se sentia sozinha. Ela levou a ave para casa, mas, alguns dias depois, voltou à loja para fazer uma reclamação:

– Esse papagaio ainda não disse uma palavra!

– Ele tem um espelho? – perguntou o dono da loja. – Papagaios gostam de se olhar no espelho. – Então, ela comprou o espelho e foi para casa.

No dia seguinte, ela voltou à loja porque a ave ainda não havia dado um pio.

– Que tal uma escada? – perguntou o dono da loja. – Papagaios gostam de subir e descer escadas. – Então, ela comprou uma escada e foi para casa.

Lá estava ela de volta à loja no dia seguinte. O papagaio ainda não havia falado coisa alguma.

– O papagaio tem um balanço? – perguntou o dono da loja. – Aves gostam de relaxar em um balanço. – Ela comprou um balanço e voltou para casa.

No dia seguinte, ela voltou à loja para dizer ao dono da loja de animais que o papagaio havia morrido.

– Sinto muito – disse o dono da loja. – Ele disse alguma coisa antes de morrer?

– Sim – respondeu a mulher. – Ele disse: "Eles não vendem comida lá na loja?"

A lição da história, disse Campbell, era que compramos espelhos diante dos quais nos enfeitamos, escadas por meio das quais tentamos subir mais alto e balanços nos quais buscamos prazer, mas negligenciamos o alimento para nossa alma.

O músico Bruce Springsteen diz: "Chega um momento em que você precisa deixar de esperar pelo homem que deseja se tornar e começar a ser o homem que deseja ser".[5] Se tiver uma boa atitude, você desenvolveu a competência e ganhou experiência. O que fará com que você continue a seguir em frente? O crescimento. Nada pode substituir o aprendizado contínuo.

Você precisa alimentar sua mente e sua alma para tornar-se a pessoa que deseja ser.

5. Sua atitude não fica boa automaticamente

Cresci em uma cidadezinha rural de Ohio, e havia muitas fazendas nas redondezas. Certa vez, ouvi um fazendeiro dizer que a coisa mais difícil em relação às vacas é que elas nunca ficam ordenhadas. Pode-se dizer algo similar sobre uma boa atitude. A coisa mais difícil em se tratando de ter uma boa atitude é que ela não se torna boa sozinha.

Se você for como a maioria das pessoas, o simples fato de ir trabalhar pela manhã já é um teste de sua atitude. Moro na região de Atlanta, que é famosa por seu terrível trânsito. A última reportagem que li dizia que tínhamos o quarto pior trânsito do país depois de Los Angeles, San Francisco e Washington, D.C. Não só isso, em um belo dia, talvez a pessoa do carro ao lado faça um sinal com a mão muito feio para você, se é que você entende o que quero dizer. Por isso, toda vez que entro em meu carro, eu me lembro: *Hoje vou ter uma grande atitude!*

Isso não significa que sempre consigo. Tenho de ser sensível aos meus indicadores de atitude pessoais. Se eu percebo que estou ficando impaciente – que é, de longe, meu maior desafio de atitude –, tento lembrar-me de ter uma boa atitude. Se eu me pego fazendo comentários cínicos, examino minha atitude. Se eu me vejo querendo entregar os pontos e deixar de desenvolver as pessoas porque elas não são rápidas o suficiente para entender o que está acontecendo, corrijo minha atitude. E meu indicador de atitudes à prova de falhas é Margaret, minha esposa. Se minha atitude estiver começando a sair da linha, ela me diz!

Em meu livro *Today Matters* [Problemas de hoje], um dos conceitos sobre os quais escrevo é que a maioria das pessoas superestima a tomada de decisão e subestima a questão de administrar a decisão. É muito fácil dizer para si mesmo: *De agora em diante, vou ter uma grande atitude*. É muito mais difícil de fato seguir isso à risca. Essa é a razão por que acredito que uma das melhores coisas que você pode fazer para si mesmo é ter como um de seus objetivos *administrar* sua atitude diariamente.

Acreditar que a atitude é tudo é realmente pensar em termos de tudo ou nada, e isso é um problema. Se, para você, atitude é tudo, então é provável que você acabe sem nada. Você não pode esperar que a atitude resolva tudo. A atitude é o que é: ela faz diferença.

A história de um jovem repórter de televisão ilustra as limitações de uma atitude positiva. Aos 26 anos, esse jovem teve a oportunidade de ser âncora de um noticiário noturno de uma rede de televisão. Trabalhou ao lado de Walter Cronkite, o repórter de maior crédito da época. O jovem era esperto, crescera na casa de um jornalista, fora o novo âncora em nível nacional no Canadá antes de conseguir o emprego e tinha uma boa atitude. Mas isso não foi suficiente. Em 1968, depois de três anos, ele pediu demissão do emprego.

– Tive o bom senso de parar – ele disse mais tarde. Mas não desistiu da profissão. O que ele precisava era de mais experiência e mais habilidade. Tornou-se correspondente no exterior. Por uma década, aceitou missões que o levaram a regiões de conflito por todo o mundo. Foi para o Vietnã. Noticiou diretamente do Oriente Médio durante a guerra de Yom Kippur e a guerra civil libanesa. Esteve nas Olimpíadas de Munique, onde terroristas palestinos assassinaram atletas israelenses.

Em 1978, ele voltou para sua mesa como âncora. Dessa vez, era um repórter maduro. Ele era competente, experiente e havia crescido no trabalho. Se você ainda não adivinhou, esse repórter foi Peter Jennings. Quando se sentou à mesa pela primeira vez para trabalhar como âncora, ele foi chamado de "estrela" ou "ancorazinha".[6] Quando morreu, em 2005, ele era um dos repórteres mais respeitados e assistidos da televisão, tendo recebido, da Universidade do Estado de Washington (2004), o prêmio Edward R. Murrow pela Realização Vitalícia; da National Press Foundation (Fundação Nacional da Imprensa), o prêmio Sol Taishoff (2004) por sua Excelência no Telejornalismo, 14 prêmios Emmy, dois prêmios George Foster Peabody; vários prêmios da Overseas Press Club, o prêmio Goldsmith Career pela Excelência no Jornalismo da Universidade de Harvard, o prêmio Radio and Television News Directors Paul White (prêmio escolhido pelos diretores de notícias das três principais redes de comunicações dos Estados Unidos) e a Ordem do Canadá (2005).[7]

Se atitude fosse suficiente, então Jennings teria tido sucesso como âncora da emissora ABC em sua primeira oportunidade. Atitude apenas não basta. Por outro lado, se ele não tivesse acreditado em si mesmo e tido uma atitude de perseverança, também não teria tido sucesso.

Há algumas coisas que a atitude pode fazer por você e outras que ela não pode. Para aprender mais sobre o que ela *pode* fazer, vire a página, porque esse é o assunto do próximo capítulo.

3 *O que sua atitude* pode **fazer por você**

O que normalmente separa os melhores do restante? Você já pensou nisso? O que separa o medalhista de ouro do medalhista de prata nas Olimpíadas? O que separa o empresário de sucesso daquele que não tem sucesso? O que possibilita uma pessoa vencer na vida depois de um acidente que a deixou incapacitada enquanto outra desiste e morre? É a atitude.

É claro que, de vez em quando, aparecem pessoas como Mozart ou Lance Armstrong – aquelas cujos dons são tão extraordinários a ponto de realizarem coisas com as quais o restante de nós só consegue sonhar. (Mas até elas são auxiliadas pelo fato de terem atitudes extraordinárias.) A maioria das pessoas, quando estão no auge de sua profissão, são parecidas no que se refere ao talento. O que separa uma medalha de ouro de uma de prata normalmente são centésimos de segundo. Jogadores de golfe profissionais vencem torneios com uma única tacada. Como disse Denis Waitley em *The Winner's Edge* [A vantagem do vencedor], "a vantagem do vencedor não está em nascer em berço de ouro, em ter QI elevado ou em ser talentoso. A vantagem do vencedor está na atitude, não na aptidão. Atitude é o critério para o sucesso. Mas não se pode comprar uma atitude por um milhão de dólares. As atitudes não estão à venda".[1]

A maior diferença que minha atitude pode fazer está dentro de mim, não nos outros.

Por anos tentei viver de acordo com a seguinte afirmação: nem sempre posso escolher o que acontece comigo, mas sempre posso escolher o que acontece em mim. Algumas coisas na vida escapam ao meu controle. Outras não. Minha atitude nas áreas que escapam ao meu controle *pode* fazer diferença. Minha atitude nas áreas que estão sob meu controle *irá* fazer diferença. Em outras palavras, a maior diferença que minha atitude pode fazer está dentro de mim, não nos outros. Essa é a razão por que sua atitude é a sua maior qualidade ou a sua maior deficiência. É ela que prepara ou acaba com você. Ela pode levantar ou derrubar você. Uma atitude mental positiva não lhe permitirá fazer *tudo*. Mas ela pode ajudá-lo a fazer *qualquer coisa* melhor do que você faria se sua atitude fosse negativa.

O que a atitude pode fazer por você

Uma atitude positiva é uma qualidade diária em quase todos os sentidos. Ela não só ajuda a resolver problemas pequenos como também fornece um instrumental poderoso que pode ser útil por toda a sua vida. Aqui está o que quero dizer:

1. Sua atitude faz diferença na sua maneira de encarar a vida

À medida que nos aproximávamos do fim do século XX, muito se escreveu sobre os homens e mulheres que sobreviveram à Depressão e lutaram na II Guerra Mundial, as pessoas que Tom Brokaw chamou de "a melhor geração". Lembro-me de ler uma história sobre uma mulher daquela geração que acompanhou o marido durante a guerra até um acampamento do exército norte-americano no deserto do sul da Califórnia. O homem a aconselhou a não ir, achando que ela ficaria melhor se voltasse para o leste para ficar com a família, mas a jovem recém-casada não quis se separar de seu marido.

A única acomodação que eles conseguiram encontrar foi uma cabana em situação precária perto de uma aldeia de índios americanos. O lugar era muito simples. Durante o dia, as temperaturas muitas vezes chegavam aos 46°C. O vento, que soprava constantemente, parecia o ar quente que sai do forno. E a poeira deixava tudo em estado deplorável.

A jovem achava os dias longos e tediosos. Seus únicos vizinhos eram índios americanos com os quais ela encontrou poucas afinidades. Quando seu marido foi enviado para o deserto para duas semanas de manobras militares, ela desabou. As condições de vida e a solidão eram demais para ela. Ela escreveu para a mãe para dizer que queria voltar para casa.

Pouco tempo depois, recebeu uma resposta de casa. Uma das coisas que sua mãe lhe disse foi:

> Dois homens olhavam pelas grades de uma prisão.
> Um via lama; o outro, estrelas.

Ao ler várias vezes as linhas da carta, a jovem inicialmente sentiu vergonha. Depois sua reflexão amadureceu. Ela realmente queria ficar com o marido, por isso tomou uma decisão: ela procuraria as estrelas.

No dia seguinte, esforçou-se para fazer amizade com seus vizinhos. À medida que os conhecia, ela também pedia que eles a ensinassem a tecer e a fazer cerâmicas. No início, eles relutaram, mas, quando viram que o interesse que ela tinha por eles e pelo trabalho que faziam era genuíno, eles mostraram-se mais receptivos. Quanto mais a mulher aprendia sobre a cultura e a história dos índios americanos, mais ela queria saber. Sua perspectiva começou a mudar. Até o deserto começou a parecer diferente para ela. Ela começou a apreciar sua beleza serena, sua vegetação resistente porém vistosa, e até pedras e conchas fossilizadas encontrou ao explorar a região. Ela começou, inclusive, a escrever sobre suas experiências ali.

O que mudou? Não foi o deserto. Não foram as pessoas que moravam naquele lugar. Ela mudou. Sua atitude mudou – e, conseqüentemente, seu ponto de vista mudou.

As pessoas mais felizes na vida não *têm* necessariamente tudo o que há de melhor. Elas simplesmente tentam *aproveitar* tudo ao máximo. São como a pessoa de uma aldeia afastada que vai a uma fonte todos os dias para pegar água e que diz: "Toda vez que venho a esta fonte, vou embora com o balde cheio de água!", em vez de "Não posso acreditar que tenho de continuar a voltar a essa fonte para encher o balde!".

A atitude de uma pessoa tem uma profunda influência sobre o seu modo de encarar a vida. Pergunte a um técnico antes de um jogo importante se a atitude dele e a de seus jogadores farão diferença no resultado do jogo. Pergunte a um cirurgião se a atitude do paciente é importante quando sua vida está em jogo em uma sala de emergência. Pergunte a um professor se as atitudes dos alunos têm um impacto antes de realizarem um teste.

Uma das coisas que aprendi é que a vida muitas vezes lhe dá tudo aquilo que você espera dela. Se você espera coisas ruins, é isso que você receberá. Se espera coisas boas, você muitas vezes as recebe. Não sei por que as coisas são assim, mas é assim que funciona. Se você não acredita em mim, faça um teste. Experimente passar 30 dias esperando o melhor de tudo: o melhor lugar para estacionar o carro, a melhor mesa no restaurante, a melhor interação com os clientes, o melhor tratamento dos funcionários públicos. Você se surpreenderá com o que verá, principalmente se também der o melhor de você mesmo para os outros em todas as situações.

2. Sua atitude faz diferença em seus relacionamentos pessoais

Em agosto de 2005, tive o privilégio de falar no Willow Creek Leadership Summit. Uma das pessoas que conheci ali foi Colleen Barrett, presidente e secretária corporativa da Southwest Airlines, que também era uma das palestrantes do evento. Eu estava ansioso para conversar com ela porque, enquanto outras companhias aéreas perdiam dinheiro e lutavam para sobreviver durante os últimos anos, a Southwest havia obtido sucesso e lucro.

Colleen e eu conversamos sobre liderança. Segundo ela, uma das coisas das quais a companhia mais se orgulhava era sua reputação pelo excelente atendimento ao cliente. Quando lhe perguntei como eles conseguiam isso, ela disse que a companhia não dependia de muitas regras. Havia, sem dúvida, regulamentos determinados pela Agência Federal de Aviação aos quais eles obedeciam e, além disso, eles tinham regras que exigiam que os comissários de bordo sempre fossem pontuais para cumprir suas tarefas uma vez que sua escalação era tranqüila. Mas a ênfase da companhia está na criação do tipo certo de atitude entre os funcionários. Os funcionários da Southwest estavam habilitados para avaliar situações e tomar decisões. E seu foco está nas habilidades pessoais e na regra de ouro. Mesmo quando cometem erros, desde que estejam tentando ver as coisas pelo ponto de vista do cliente e tentando prestar um bom serviço, os funcionários recebem apoio.

Para ter sucesso, é preciso ser capaz de trabalhar bem com os outros. Essa é a razão por que Theodore Roosevelt disse: "O único ingrediente mais importante na fórmula para o sucesso é saber se entender com as pessoas".

Muitos fatores entram em ação quando o assunto diz respeito a habilidades que envolvem trabalhar com pessoas, mas o que desenvolve ou acaba com essa habilidade é a atitude de uma pessoa. Recentemente escrevi um livro chamado *Winning with People* [Ganhando com as pessoas] em que descrevo 25 princípios pessoais que qualquer pessoa pode usar para melhorar sua capacidade de construir relacionamentos e de trabalhar com outras pessoas. Muitos desses princípios se baseiam na atitude. Aqui estão alguns exemplos:

- *O Princípio da Lente: quem somos é o que determina o modo como vemos os outros.* Nossa percepção dos outros depende mais de nossa atitude do que das características dos que nos cercam. Se formos positivos, nós os vemos de modo positivo.

- *O Princípio da Dor: pessoas magoadas magoam pessoas e se deixam facilmente magoar por elas.* Nossas experiências negativas e nossa bagagem emocional dão cor à nossa percepção das ações dos outros. Interações normais podem causar-nos dor mesmo quando a outra pessoa não fez nada para causar dor.
- *O Princípio do Elevador: podemos levantar as pessoas ou derrubá-las em nossos relacionamentos.* As pessoas têm uma mentalidade que consiste em levantar ou limitar os outros.
- *O Princípio do Aprendizado: cada pessoa que conhecemos tem o potencial de nos ensinar algo.* Algumas pessoas têm uma atitude receptiva ao ensino e admitem que podem aprender algo com todas as pessoas que conhecem. Outras desprezam muitas pessoas e admitem que elas nada têm a oferecer.

Há outros princípios no livro baseados na atitude, mas já deu para você ter uma idéia. Em se tratando de lidar com pessoas, a atitude faz diferença. Se seu currículo não é tão bom quanto você gostaria que fosse quando o assunto é lidar com pessoas, talvez você precise observar sua atitude. Embora seja verdade que algumas pessoas pareçam ter um modo natural de ganhar os outros, até alguém com habilidades pessoais naturais limitadas pode aprender a ganhar as pessoas se decidir ter uma atitude positiva para com elas.

3. Sua atitude faz diferença em seu modo de enfrentar desafios

Dizem que quando Chesty Puller, da Marinha norte-americana, viu-se cercado de oito divisões inimigas durante a guerra coreana, sua resposta foi: "Tudo bem, eles estão à nossa esquerda. Estão à nossa direita. Estão à nossa frente. Estão atrás de nós – desta vez, eles não podem escapar!"

Na vida, os obstáculos, os desafios, os problemas e os fracassos são inevitáveis. Como você vai lidar com eles? Vai desistir? Vai deixar que as circunstâncias o deixem mal? Ou você vai tentar fazer o melhor possível? O caminho que você escolher depende de sua atitude.

Certa vez, ouvi um conferencista dizer que nenhuma sociedade jamais desenvolveu homens valentes durante tempos de paz. O velho provérbio é verdadeiro: o que não mata, fortalece. Lembre-se dos momentos em sua vida em que você mais cresceu. Aposto que você cresceu em conseqüência de superar dificuldades. Quanto melhor sua atitude, maiores as chances de você conseguir superar dificuldades, crescer e seguir em frente.

Você pode ver esse padrão na vida de grandes homens e mulheres:

Demóstenes, conhecido como o maior orador da Grécia antiga, tinha um problema de fala. A lenda diz que ele o superou recitando versos com seixos na boca e falando mais alto que o bramido das ondas na beira do mar.

Martinho Lutero, pai da Reforma Protestante, aproveitou o tempo que ficou confinado no castelo de Wartburg para traduzir o Novo Testamento para o alemão.

O compositor *Ludwig van Beethoven* compôs suas maiores peças sinfônicas depois que ficou surdo.

John Bunyan escreveu *O peregrino* enquanto estava preso. *Daniel Defoe* também escreveu o livro *Robinson Crusoé* enquanto estava preso.

Abraham Lincoln é considerado por muitos o melhor dos presidentes dos Estados Unidos, mas ele provavelmente não teria se destacado como um grande líder se não tivesse conduzido o país durante a guerra civil. Muitas vezes as circunstâncias difíceis parecem servir de instrumento na criação de grandes líderes e pensadores. Mas isso só acontece quando as atitudes deles são corretas.

Ouvi dizer que na língua chinesa duas palavras muitas vezes se juntam para criar outra palavra com um significado muito diferente. Por exemplo, quando o símbolo para a palavra que significa *homem* se junta com o símbolo para a palavra que significa *mulher*, a palavra resultante significa *bom*.

Ter uma atitude positiva pode ter um efeito semelhante. Quando um problema vem em direção a alguém que tem uma atitude positiva, o resultado é muitas vezes algo maravilhoso. É da confusão que os problemas causam que podem surgir grandes estadistas, cientistas, autores ou empresários. Todo desafio tem uma oportunidade. E toda oportunidade tem um desafio. A atitude de uma pessoa determina seu modo de lidar com ambas as coisas.

4. Sua atitude faz diferença

Quando a atitude é o mais importante? Quando ela faz a maior diferença? Não é durante um evento esportivo ou quando os negócios ficam difíceis. É quando a própria vida está em perigo. E, nessas ocasiões, a atitude realmente faz diferença.

Quando pastor, eu passava a maior parte do tempo com pessoas que estavam vivendo situações de tragédia. Visitava muitos pacientes antes de serem operados, e os que se empenhavam ao máximo e se recuperavam mais rápido eram as pessoas que tinham as melhores atitudes. Visitava muitas clínicas de repouso. Os idosos que têm sucesso são os que ainda têm uma atitude positiva com relação a si mesmos e a sua situação. Certa vez, ouvi um funcionário de uma clínica de repouso dizer que, não raro, pacientes recém internados, por sentirem-se abandonados e sem poder de escolha quanto à internação, tendiam a se entregar e a morrer antes daqueles que viam a situação como apenas outra fase da vida a ser enfrentada de maneira positiva.

Muitas pessoas escreveram sobre o poder que uma atitude positiva tem sobre a saúde e a boa forma. Muitas equipes médicas dizem que viram uma correlação positiva entre as atitudes das pessoas e a sua capacidade de recuperar-se de doenças como o câncer. Dr. Ernest H. Rosenbaum e Isadora R. Rosenbaum dizem que essas observações levaram a novos estudos sobre a atitude:

> Pesquisadores estão agora experimentando métodos para levar efetivamente a mente a participar do combate do corpo contra o câncer... Alguns médicos e psicólogos agora acreditam que a atitude adequada pode até ter um efeito direto sobre a função da célula e, conseqüentemente, ser usada para inibir, se não curar, o câncer. Esse novo campo de estudo científico, chamado psiconeuroimunologia, concentra-se no efeito que a atividade mental e emocional tem sobre o bem-estar físico, indicando que os pacientes podem desempenhar um papel muito maior em sua recuperação.[2]

Ver uma ligação entre os pensamentos e sentimentos das pessoas e sua saúde não é novidade. Segundo Rosenbaum: "Sabemos há mais de dois mil anos – com os escritos de Platão e Galeno – que há uma correlação direta entre a mente, o corpo e a saúde da pessoa".[3] O poeta John Milton escreveu:

> A mente é um lugar em si mesma, e
> Pode fazer do inferno um céu e do próprio céu
> um inferno.[4]

Sua atitude tem uma profunda influência sobre seu modo de ver o mundo – e, portanto, sobre o modo como você leva a vida.

Atitude é importante. É tão importante que ela realmente faz diferença. Ela não é tudo, mas é uma coisa que pode fazer diferença em sua vida. Se você quiser maximizar sua atitude e aprender a fazer com que ela seja sua maior qualidade, então vire a página, pois esse é o tema do próximo capítulo.

4 *Como fazer de sua atitude* sua maior qualidade

Yogi Berra, ex-jogador de beisebol dos Yankees e que aparece no Hall da Fama, muitas vezes foi citado dizendo: "A vida é como o beisebol; é 95% mental e a outra metade é física". A matemática do ex-receptor e técnico pode não ser perfeita, mas ele reconhece o poder que o pensamento exerce sobre a capacidade que uma pessoa tem para o sucesso. Quantos empregos as pessoas perdem todos os dias por causa de problemas de atitude? Quantas vezes os outros não são considerados para uma promoção por causa do modo como abordam o emprego e as outras pessoas? Quantos casamentos se desfazem? Seria impossível calcular.

Ninguém jamais deveria perder um emprego, deixar escapar uma promoção ou destruir um casamento por causa de uma atitude que deixa a desejar. Por quê? Porque a atitude de uma pessoa não é algo determinado; é uma escolha. Chuck Swindoll, pastor, professor e autor, diz:

> Atitude, para mim, é mais importante do que educação, do que dinheiro, do que as circunstâncias, do que os fracassos, do que os sucessos, do que aquilo que

> as outras pessoas pensam ou dizem ou fazem. É mais importante do que aparência, talento ou habilidade. Ela levará ao sucesso ou ao fracasso uma empresa... uma igreja... uma família. O notável é que temos uma escolha a cada dia com relação à atitude que adotamos para aquele dia. Não podemos mudar nosso passado... não podemos mudar o fato de as pessoas agirem de um determinado modo. Não podemos mudar o inevitável. A única coisa que podemos fazer é usar o único recurso que temos e isso é a nossa atitude... Estou convencido de que a vida é 10% do que acontece comigo e 90% do modo como reajo a ela. E o mesmo acontece com você... [Nós] somos responsáveis por nossas atitudes.[1]

Como escolher a direção certa

1. Assuma a responsabilidade por sua atitude

A cantora Roberta Flack lembra: "Minha mãe só foi até o segundo ano do ensino médio e meu pai, à terceira série, mas ambos eram muito cultos. Eles falavam bem, e seus valores eram excelentes. Eles martelavam em nossa cabeça que a situação em que uma pessoa vive não tem de viver nela". Nossas atitudes vêm de nossas circunstâncias ou de nossa história pessoal. A atitude não vem de fora de nós. Ela vem de dentro.

A primeira regra para ter sucesso é não se enganar. Se sua atitude não for tão boa quanto poderia ser e você não conseguir ser responsável por ela, então você está se enganando. No entanto, se você olhar para o espelho e puder dizer com sinceridade: "A atitude que tenho é responsabilidade minha e não de outra pessoa", então você está no caminho certo.

2. Avalie sua atitude atual

Para melhorar sua atitude, você precisa avaliar seu ponto de partida. Isso pode levar algum tempo. E, dependendo de seu grau de autoconsciência, pode até ser difícil. A chave é tentar olhar para si mesmo de modo objetivo, desligar-se de sua atitude. Seu objetivo não é se condenar. É se ver claramente para que você possa fazer mudanças positivas no seu modo de pensar. Veja como proceder:

Identifique sentimentos problemáticos com relação a si mesmo. Muitas vezes nossos sentimentos entram em ação muito antes de nos conscientizarmos deles intelectualmente. Por isso, comecemos com os sentimentos. Quando você se sente mais negativo com relação a si mesmo? Escreva suas respostas.

Identifique sentimentos problemáticos com relação aos outros. Os problemas de atitude muitas vezes estão relacionados a outras pessoas. O que o leva a ter os maiores problemas quando está lidando com os outros? Mais uma vez, escreva suas respostas.

Identifique pensamentos problemáticos. Somos a soma do que pensamos. E não podemos, em nenhum momento, comportarmo-nos de um modo que seja incoerente com nosso modo de pensar. Portanto, a pergunta que você precisa responder é: que pensamentos negativos constantemente controlam sua mente? Escreva suas respostas.

Se você simplesmente leu essas perguntas sem de fato reservar um tempo para refletir sobre elas e escrever suas respostas, então quero incentivá-lo a fazer isso agora.

Por quê? Porque você não poderá mudar sua atitude para melhor a menos que saiba o que a está impactando agora, para pior. Quando lenhadores profissionais estão colocando toras para flutuar rio abaixo e descobrem um bloqueio, eles sobem em uma árvore grande perto do rio para que possam examinar o problema e encontrar a causa. O que eles estão procurando é a tora que está criando o problema. Uma vez que eles a removem, o rio se encarrega do resto. Uma pessoa inexperiente poderia levar horas, dias e até semanas para mover a tora. O mesmo pode acontecer com sua atitude. Você não necessariamente precisa mudar *todo* o seu modo de pensar; apenas alguns itens que estão impedindo que uma atitude positiva flua em você.

3. Alimente o desejo de mudar

O desejo de mudar é a chave para o crescimento em todas as áreas da vida. Ironicamente, a maioria das pessoas deseja melhorar, mas, ao mesmo tempo, resiste à mudança. O problema é que você não pode ter uma coisa sem a outra. A mudança é possível, mas só se você desejá-la muito. Como observou Fred Smith: "Você é como você é porque é assim que deseja ser. Se realmente quisesse ser diferente, você estaria no processo de mudança neste exato momento".

Dizem que o comediante Jerry Lewis falou que o melhor presente de casamento que ganhou foi um filme com toda a cerimônia de casamento. Por que esse foi seu presente favorito? Segundo ele, foi porque, quando as coisas realmente ficavam sérias no casamento, ele entrava em uma sala sozinho, fechava a porta, passava o filme de trás para frente e saía dali um homem livre!

Sem dúvida, a mudança nunca é tão fácil assim. Ela leva muito tempo, uma boa dose de energia, perseverança e – naturalmente – desejo. Não é uma decisão que você toma uma vez e em seguida esquece. Você precisa cultivar esse desejo a cada dia. Diz-se que quando Earl Weaver, ex-técnico do Baltimore Orioles (equipe da maior liga de beisebol norte-americano) ficava chateado com um juiz chamando-lhe a atenção, ele costumava acusar lá do banco dos jogadores e gritar: "Você vai melhorar ou vai ser *assim*?". Se quiser mudar sua atitude, você precisa fazer a mesma pergunta para si mesmo: você vai continuar a se esforçar e tentar melhorar ou isso é o melhor que consegue?

4. Mude sua atitude mudando seus pensamentos

Norman Vincent Peale, autor de *O poder do fator extra*, escreveu que certa vez passou por um estúdio de tatuagem nas ruas emaranhadas de Kowloon, em Hong Kong. Na janela, havia desenhos das centenas de opções de tatuagens das quais dispunha o artista que trabalhava ali. Uma em particular realmente o impressionou. Dizia: "Nasci para perder".

Peale ficou assustado que alguém pudesse de fato pedir para ter aquilo permanentemente escrito na pele. Ele entrou e perguntou ao artista chinês:

– Alguém realmente já teve esta terrível frase "nasci para perder" tatuada no corpo?

– Sim, algumas pessoas – respondeu o artista.

– Mas não posso acreditar que alguém, em sua sã consciência, fizesse isso.

O artista deu um tapinha na testa e, em um inglês mal falado, disse:

– Antes da tatuagem no corpo, tatuagem na mente, né?

A mente humana tem um grande poder em nossa vida. Aquilo que prende nossa atenção determina nossas ações. Por causa disso, onde estamos hoje é o resultado dos pensamentos que dominam nossa mente. E nosso modo de pensar determina quais são nossas atitudes. Mas, como eu já disse, a boa notícia é que você e eu podemos mudar isso. Você controla seus pensamentos e, por causa disso, controla sua atitude.

Façamos uma experiência que lhe mostrará o que estou falando. Primeiramente, reserve um momento para pensar no lugar onde você mora. Fácil. Você decidiu pensar nisso e foi o que fez. Tudo bem, agora quero que você pense em uma outra coisa. Imagine por um instante que o lugar onde você mora ficou em cinzas e tudo o que estava lá dentro se foi. Que tipo de resposta emocional você teve? Talvez você tenha ficado triste porque muitas coisas insubstituíveis se perderam no fogo. Talvez você tenha ficado feliz porque sua condição de vida no momento é terrível e um novo começo lhe faria bem. A questão é que seu pensamento estimula sua emoção. Essa é a chave, e aqui está a razão:

Premissa maior: podemos controlar nossos pensamentos.

Premissa menor: nossos sentimentos são frutos de nossos pensamentos.

Portanto: podemos controlar nossos sentimentos mudando nosso modo de pensar.

Por que isso é importante? Porque sua atitude é sua

abordagem emocional da vida. É a estrutura por meio da qual você vê eventos, outras pessoas e até a si mesmo. Essa é a razão por que acredito no ditado: "Você não é o que pensa ser, mas é o que pensa".

Brian Azar, treinador em vendas, diz: "As vendas não são feitas ou desfeitas dentro do escritório do cliente em potencial. São feitas ou desfeitas dentro de você". Em vendas, se sua atitude for positiva e você acreditar que pode ajudar o cliente com seu produto ou serviço, o trabalho mais difícil já está feito. Tudo depende de seu pensamento. A mesma coisa funciona em outras profissões também.

Você não é o que pensa ser,
mas é o que pensa.

Certa vez, enquanto estava folheando um exemplar da revista ESPN, vi um anúncio da Adidas que prendeu minha atenção. Ele dizia o seguinte:

> Impossível é apenas uma palavra grande dita por aí por homens pequenos que acham mais fácil viver no mundo que deram para eles do que explorar o poder que eles têm de transformá-lo. Impossível não é um fato. É uma opinião. Impossível não é uma declaração. É um desafio. Impossível é potencial. Impossível é temporário. Impossível não é nada.[3]

A maior parte da grande obra deste mundo foi feita por homens e mulheres que não acreditaram que o que estavam fazendo era impossível. Talento, sem dúvida, ajuda, mas somente a atitude certa pode liberar esse talento para que ele atinja seu potencial.

5. Desenvolva bons hábitos

Uma mulher de meia idade, irritada, aproximou-se do balconista da livraria de seu bairro:

– Toda vez que venho aqui para comprar um livro que é sucesso de vendas, ele está esgotado – ela criticou. – Por que vocês não aprendem a fazer um estoque com mais eficiência?

– Sinto muito – desculpou-se o balconista. – Qual é o título do livro que a senhora gostaria de comprar?

– Chama-se *How to Remain Young and Beautiful* [Como permanecer jovem e bela] – a mulher respondeu.

– Tudo bem – respondeu o balconista. – Farei o pedido de um exemplar de *How to Remain Young and Beautiful* e marcarei "URGENTE" no pedido.

Grande parte do que fazemos todos os dias é fruto de comportamentos habituais. Ao longo do tempo, desenvolvemos um modo de abordar a vida. Tratamos as pessoas de um modo específico, como fez a senhora na livraria. Se desejamos obter resultados diferentes da vida, então não basta mudarmos apenas nosso modo de pensar. Também precisamos mudar nossos hábitos. Por quê? Porque, se não fizermos isso, voltaremos ao nosso velho modo de pensar. Na verdade, algumas pessoas recomendam mudar o comportamento primeiro. O psiquiatra William Glasser diz: "Se você quiser mudar as atitudes, comece com uma mudança de comportamento. Em outras palavras, comece a assumir da melhor maneira possível o papel da pessoa que você preferiria ser, a pessoa em quem você mais deseja se tornar. Aos poucos, a pessoa velha e medrosa desaparecerá".

Não sei o que tem de vir primeiro – se o modo de pensar ou os hábitos. É como a história da galinha e do ovo. Mas sei de uma coisa: as duas coisas estão ligadas. Eis como acho que funciona:

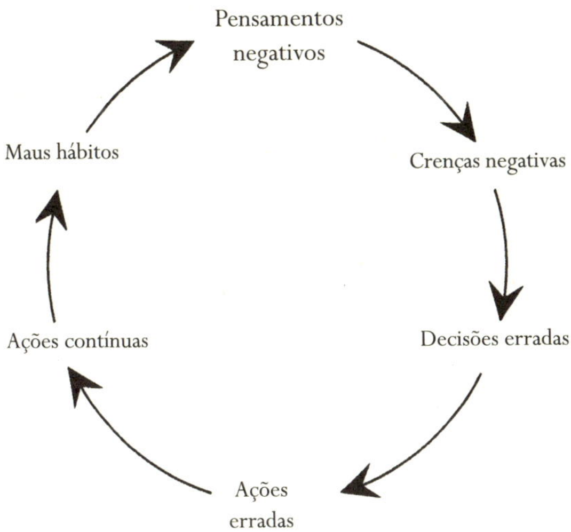

Como você pode ver, pensamentos negativos levam a crenças negativas. Essas crenças tornam-se a base de decisões erradas, que levam a ações erradas. Quando essas ações erradas se repetem continuamente, desenvolvemos maus hábitos, que perpetuam uma atitude ruim. E essa atitude ruim estimula pensamentos negativos. Pode ser um círculo vicioso. No entanto, você pode quebrar o círculo cultivando pensamentos positivos e desenvolvendo bons hábitos.

Felizmente, hábitos não são instintos, são ações ou reações que adquirimos ao longo do tempo. Se puder identificar a causa original em seu modo de pensar que estimula um mau hábito, você poderá mudá-lo.

6. Administre sua atitude diariamente

Uma das descobertas mais importantes de minha vida foi perceber que muitas vezes damos muita ênfase à tomada de decisão e pouca ênfase à questão de administrar as decisões que já tomamos. Essa descoberta foi tão importante para mim que escrevi um livro sobre ela chamado *Today Matters*. A tese do livro é a de que as pessoas de sucesso tomam cedo decisões certas e administram essas decisões diariamente. Você pode tomar a decisão de ter uma boa atitude mas, se não fizer planos para *administrar* essa decisão todo dia, é provável que acabe no lugar onde começou. Mas aqui está a boa notícia: *manter* a atitude certa é mais fácil do que *recuperar* a atitude certa.

Como você faz isso? Um provérbio chinês que encontrei dá uma luz: "Admita a alegria que você não sente e logo sentirá a alegria que você admitiu". Ou como diz o editor Elbert Hubbard: "Seja agradável até as 10h e o restante do dia se encarregará de si mesmo". Ao acordar de manhã, você precisa se lembrar de que tomou a decisão de ter uma atitude positiva. Você precisa administrar seu modo de pensar e controlar suas ações para que sejam coerentes com sua decisão.

Se você for responsável por sua atitude – reconhecendo que ela pode mudar seu modo de vida, administrando-a todos os dias e cultivando e desenvolvendo pensamentos e hábitos positivos –, você poderá fazer com que sua atitude seja sua maior qualidade. Ela pode vir a fazer diferença em sua vida, abrindo portas e o ajudando a superar grandes obstáculos.

Os cinco grandes obstáculos à atitude

Antes de passarmos para o capítulo 5, quero parar por um instante e falar sobre os Cinco Grandes Obstáculos à Atitude que as pessoas enfrentam. Nos quatro primeiros capítulos deste livro, tentei fornecer ao leitor uma pista de como criar e manter uma atitude positiva. No entanto, para ajudá-lo em seu caminho, preciso dizer algo mais. Manter uma atitude positiva ao mesmo tempo em que se leva a vida é muito parecido com a corrida que inclui obstáculos. Algumas pessoas esperam que a vida seja fácil e tranqüila. Quando se deparam com um obstáculo, elas ficam surpresas, irritadas ou com medo. Não pensam que deveriam considerar a possibilidade de lidar com tais coisas. Por isso esperam que alguém se aproxime para remover o obstáculo, tentam encontrar um atalho para contorná-lo ou simplesmente desistem e param de correr. E, durante o processo, sua atitude fica cada vez pior.

Pessoas de sucesso esperam enfrentar obstáculos. Sabem que superar obstáculos é uma parte normal da vida e, sendo assim, se planejam. Enfrentam seus desafios, em vez de temê-los. Aceitam a idéia expressa por Walt Emerson, que disse: "O que está atrás de nós e o que está diante de nós são questões muito pequenas comparadas ao que está dentro de nós".

É fácil ter uma atitude positiva quando o caminho é plano e tudo está saindo conforme o planejado. Sua atitude realmente passa a fazer diferença quando desafios difíceis surgem diante de você. Nesses momentos, sua atitude é, às vezes, a única diferença que o leva a prosseguir ou a desistir.

Você já sabe "correr a corrida" com uma boa atitude. Mas há obstáculos especialmente difíceis que todos devem superar no curso da vida. Eu os chamo de os Cinco Grandes Obstáculos à Atitude: desânimo, mudança, problemas, medo e fracasso. Quero ajudá-lo mais uma vez – algumas estratégias para superar estes cinco desafios especialmente difíceis. Quando conseguir lidar com eles de um modo positivo, você poderá enfrentar qualquer outra coisa que a vida talvez tenha reservado para você.

5 Desânimo

Em se tratando de obstáculos à atitude, comecemos com aquele que se parece com o cavalo de Tróia do mito antigo: o desânimo. Se você deixar o desânimo entrar em você, ele poderá conquistá-lo de dentro para fora e irá impedi-lo de alcançar o sucesso que deseja.

Não se engane; todos ficam desanimados de vez em quando. É raro um dia em minha vida sem que algo desanimador me aconteça. E depois há aqueles momentos em que você sabe que vai ser *um daqueles dias*. Recentemente deparei-me com uma peça humorística que fala sobre aqueles dias em que o melhor a se fazer é simplesmente ficar na cama:

> Você sabe que o dia vai ser ruim quando...
>
> Liga a televisão de manhã e o noticiário está passando rotas de emergência fora da cidade.
>
> O sol aparece no oeste.
>
> Seu chefe diz que você não precisa se dar ao trabalho de tirar o casaco.
>
> Você pula da cama e perde o chão.

> O pássaro cantando lá fora pela janela do seu quarto é um abutre.
>
> Você acorda e sua dentadura está colada.
>
> Você aperta a buzina de seu carro e ela prende enquanto você está atrás de um bando de motoqueiros.
>
> Você coloca as duas lentes de contato no mesmo olho.
>
> Você vai trabalhar em uma manhã ensolarada e descobre que sua saia está presa atrás na calcinha.
>
> Você telefona para ouvir suas mensagens e ouve que aquilo não é da sua conta.
>
> O cheque que você usou para pagar sua declaração de renda não tem fundo.
>
> Você coloca seu sutiã do avesso e ele se ajusta melhor.
>
> Você sobe na balança e ela inclina.
>
> Você telefona para o programa de prevenção ao suicídio e eles o colocam para esperar na linha.[1]

Como já mencionei, ninguém deveria esperar que a vida passasse tranqüilamente. Sydney J. Harris diz: "Quando ouço alguém suspirar: 'A vida é dura', sou sempre tentado a perguntar: 'Comparada a quê?'" Pense na alternativa!

Se a vida pudesse ficar mais fácil a cada dia que passa! Mas essa não é a realidade, é? À medida que você envelhece, de fato algumas coisas ficam mais difíceis, mas outras também ficam mais fáceis. Em cada fase da vida, há aspectos bons e ruins. A chave é concentrar-se nos bons e aprender a conviver com os ruins. Sem dúvida, nem todos fazem isso. Na verdade, descobri que existem de fato apenas dois tipos de pessoas neste mundo quando o assunto é lidar com o desânimo: os que se esborracham no chão e os que dão pulos o tempo todo. Quando os primeiros chegam ao fundo do poço, eles desabam e ficam grudados ali feito cola. Por outro lado, quando os últimos chegam ao fundo do poço, eles juntam forças e se recuperam.

> *"Noventa por cento dos que fracassam não são de fato derrotados. Eles simplesmente desistem". – PAUL J. MEYER*

Paul J. Meyer, fundador do Success Motivation Institute [Instituto de Motivação para o Sucesso], diz: "Noventa por cento dos que fracassam não são de fato derrotados. Eles simplesmente desistem". É isso que o desânimo pode fazer se você não lidar com ele da maneira correta – ele pode levá-lo a desistir. Uma vez que você *irá* ficar desanimado em algum momento, a pergunta é: você vai desistir ou acordar?

Lidando efetivamente com o desânimo

O que faz diferença entre os que se esborracham no chão e os que dão pulos o tempo todo é ter a atitude certa. Se você acredita em si mesmo, vê o desânimo como algo passageiro e o trata da maneira certa, pode se recuperar de quase tudo. Aqui estão cinco passos que você pode dar que o ajudarão a lidar efetivamente com o desânimo:

1. Tenha a perspectiva certa

Uma de minhas ilustrações preferidas sobre perspectiva é algo com que me deparei anos atrás e que gosto de usar em conferências. Tem o formato de uma carta de uma garota que está na faculdade e escreve para a família:

> Mamãe querida,
>
> Desde que saí de casa para ir para a faculdade, um semestre inteiro já se passou, acho que é hora de deixá-la a par do que está acontecendo. Logo depois que cheguei à faculdade, fiquei entediada com a vida no dormitório e roubei cinqüenta dólares da bolsa de minha colega de quarto. Com o dinheiro, aluguei uma moto, que arrebentei em um poste telefônico a alguns quarteirões do dormitório.
>
> Quebrei a perna no acidente, mas fui socorrida por um jovem médico que morava no primeiro andar de um edifício próximo. Ele me levou para dentro, imobilizou minha perna, cuidou de mim até eu me recuperar e, graças a ele, estou bem e de volta às minhas atividades.
>
> Queríamos que você soubesse que a gente vai se casar assim que der. Infelizmente, estamos tendo alguns problemas com o exame de sangue – não se sabe qual é a doença, mas ela ainda aparece no exame. Esperamos resolver isso rápido para a gente se casar antes de o bebê chegar. Logo depois vamos todos para casa para morar com você e o papai. E sei que você aprenderá a amar o bebê do mesmo jeito como me ama, embora o pai dele seja de outra religião e queira converter a gente. Por favor, entenda, a única razão por que estamos voltando para casa para ficar com vocês é que meu futuro marido foi expulso da faculdade de medicina porque estava ocupado demais cuidando de mim e não conseguiu concluir seu trabalho.
>
> Na verdade, mãe, não roubei nenhum dinheiro, nem aluguei uma moto, nem bati em um poste telefônico, nem quebrei a perna. Não conheci um jovem médico. Não existe nenhuma doença e não estou grávida. E não vou voltar para

casa para morar com você e o papai. No entanto, *vou* ficar com uma nota ruim em álgebra e uma pior ainda em geologia e queria que você aceitasse essas notas pela perspectiva certa!

Dê uma boa olhada na situação como um todo. Um homem parou para assistir a um jogo de beisebol da Little League. Ele perguntou a um dos jogadores no banco quanto estava a partida.

– Estamos dezoito pontos atrás – o garoto respondeu.

– Bom – observou o homem – tenho que admitir que você realmente não parece desanimado.

– Desanimado? – disse o garoto, surpreso. – Por que a gente deveria estar? A gente não pegou no bastão ainda.

Para a maioria das pessoas, o jogo da vida é longo, e recebemos muitas oportunidades para aprender, realizar coisas, servir e corrigir nossos erros. Tenha coragem. Independentemente do quão sombrias as coisas possam parecer em um determinado momento, há sempre razões para ter esperança.

Dê uma olhadinha no problema. Após a guerra civil, o ex-general confederado Robert E. Lee visitou a bela casa de uma rica viúva de Kentucky. Depois do almoço, ela convidou Lee para se juntar a ela na varanda. Dali, ela apontou para uma magnoleira, antes imponente, que fora totalmente destruída pelo fogo da artilharia do norte. A mulher começou a chorar enquanto descrevia a antiga magnificência da árvore que deu sombra à sua casa por gerações. Ela esperava que Lee condenasse as tropas do norte e se comovesse com sua perda. Por fim, Lee disse:

– Minha cara senhora, derrube aquela árvore e esqueça.[2]

Alguém certa vez disse: "para cultivar o desespero, basta remoer os seus problemas".[3] Muitas pessoas que passam por contratempos se perguntam por que estão passando por aquilo tudo, mas nunca vão além disso. É claro que você não pode resolver seus problemas ignorando-os. Mas você também não pode resolvê-los ficando fixado neles. Uma vez que reconhece o problema, você precisa concentrar-se nas possíveis soluções.

Dê uma olhada de perto em si mesmo. Um homem com seus sessenta e poucos anos havia acabado de se aposentar em Corgin, Kentucky. Durante a vida toda, ele trabalhara como lavrador, motorista de bonde, soldado, bombeiro de via férrea, operador de balsa, vendedor e frentista. Sua mais recente aventura havia sido preparar frangos. Ele cozinhava desde os seis anos de idade, quando seu pai morreu. Vendia frango frito no posto de gasolina, e seu frango ficou tão popular que ele passou a vendê-lo em um hotel e restaurante do outro lado da estrada. Mas, no início da década de 1950, o projeto de uma estrada interestadual atrapalharia seu negócio. Ele vendeu suas instalações, pagou suas contas e se submeteu a viver com um cheque mensal da previdência social no valor de 105 dólares.

Ele não estava preparado para desistir da vida – não ainda. Fez um balanço de seus bens. Sabia que outras pessoas gostavam de seu frango. Na verdade, o governador de Kentucky em 1935, Ruby Lafoon, fez dele coronel honorário de Kentucky. A partir daí, ele passou a referir-se a si mesmo como coronel Sanders e passou a portar-se de acordo com seu novo título. Sanders decidiu viajar pelo país preparando seu frango e fazendo negócios com donos de restaurantes. Ele mostrava como preparar as onze ervas e especiarias e os donos de restaurantes lhe pagavam um *royalty* toda vez que vendiam o frango preparado com sua receita.

Por volta de 1964, Sanders tinha mais de 600 franquias de seu frango. Foi naquele ano que ele se aposentou novamente. Aos 74 anos, vendeu suas ações dos restaurantes Kentucky Fried Chicken (KFC) por dois milhões de dólares. Mas não parou de trabalhar. Tornou-se representante de marketing da organização, que logo se transformou em um negócio espalhado por todo o mundo. Sanders continuou a trabalhar para a rede de restaurantes, viajando cerca de 400.000 quilômetros por ano até morrer aos 90 anos![4]

Quando se vir diante do desânimo, você poderá optar entre duas reações, e a que você escolher dará cor à sua perspectiva. Você pode pôr a culpa nos outros ou pode olhar para si mesmo para descobrir suas oportunidades. A escolha é sua.

Dê uma boa olhada nas pessoas de sucesso. Uma das melhores maneiras de aprender a ter uma atitude positiva e alcançar o sucesso é observar pessoas de sucesso e aprender com elas. Foi o que fez Napoleon Hill, autor de *Pense e Enriqueça*.[5] Ele observou a vida de mais de 500 pessoas de sucesso e chegou a conhecer muitas delas pessoalmente. O que ele descobriu foi que todas elas tinham uma característica em comum: a persistência. As pessoas de maior sucesso muitas vezes superaram os maiores obstáculos. Seu sucesso não é fruto das circunstâncias; é fruto de suas atitudes.

Dê uma olhada melhor ainda nas possibilidades. Em grande parte das circunstâncias negativas estão possibilidades positivas. Dizem que, por não ter conseguido uma caneta-tinteiro para trabalhar quando precisava de uma assinatura para fechar um negócio, Louis Waterman foi embora e desenvolveu uma caneta-tinteiro que levou seu nome. Ela se tornou a caneta mais importante nos Estados Unidos por 50 anos.

Quando Alexander Fleming perdeu uma cultura de microorganismos sobre a qual estava trabalhando no Hospital de St. Mary, em Londres, por causa de uma janela aberta, o mofo resultante em alguns deles levou-o à descoberta da penicilina.

Se você estiver enfrentando uma situação negativa neste exato momento, é muito provável que haja, em algum lugar, de algum modo, uma oportunidade nela. Talvez não seja fácil encontrá-la. Talvez ela não supere a dificuldade ou leve a um grande avanço, como foi o caso de Waterman e o de Fleming. Por outro lado, pode acontecer. Como você saberá se não optar por adotar a perspectiva certa e tentar encontrá-la?

2. Observe as pessoas certas

Em se tratando de ajudar alguém a superar o desânimo, poucas coisas são melhores do que passar tempo ao lado da pessoa certa. Algumas pessoas simplesmente põem você para cima. Elas o ajudam a ter esperança ou a se sentir bem com relação a você mesmo. O poeta Walt Whitman, quando jovem, encontrou essa pessoa quando estava lutando para conseguir alguém interessado em seus textos. Em 1855, ele publicou *Folhas de Relva*, um pequeno livro de poesias. Uma vez que nenhuma das grandes editoras o quis, ele pagou aos vizinhos tipógrafos para fazerem 795 cópias do livro. Os críticos deram pouca atenção ou fizeram poucos elogios ao livro. E ele não conseguiu vender aquela pequena tiragem.

– Ele não abriu mão do livro – disse Karen Karbiener, uma professora que lecionava sobre Whitman na Universidade de New York. – Ele custava dois dólares, depois passou para um dólar e depois para cinqüenta centavos.[6]

No entanto, Whitman recebeu um bilhete de incentivo de alguém que dizia: "Caro senhor, não estou cego para a importância do maravilhoso presente que recebemos com *Folhas de Relva*. Para mim, é a obra mais extraordinária de inteligência e sabedoria com a qual os Estados Unidos já contribuíram. Eu o cumprimento pelo início de uma grande carreira". Quem era este incentivador? Ninguém mais que Ralph Waldo Emerson, a figura literária mais respeitada da época nos Estados Unidos.

Tenho muita sorte porque cresci na casa de uma pessoa que põe você para cima: meu pai, Melvin Maxwell. Ele realmente entende as pessoas e se preocupa com elas. Quando eu era adolescente, ele costumava dizer: "Lembre-se de que todas as pessoas com quem você tiver contato estão disputando uma batalha". Com seus oitenta e poucos anos e aposentado de seu ministério como pastor, ele continua a pôr você para cima. Há alguns anos, quando se mudou para uma comunidade de aposentados, ele começou a se relacionar com seus novos companheiros para incentivá-los e dar-lhes uma mãozinha, se precisassem. Ele tinha seu carrinho de golfe e seu celular e estava sempre de um lado para o outro. Naquele primeiro ano, ele perguntou se eu estaria disposto a falar para algumas pessoas de sua comunidade se ele conseguisse reuni-las – só para incentivá-las –, o que tive o prazer de fazer.

Cinco anos depois, papai já recrutara voluntários para ajudá-lo e tornara-se ativo em 37 comunidades de aposentados. No ano em que falei para seu grupo, havia mais de 600 pessoas lá! Por que papai teve tanto sucesso? Duas razões: primeiro, ele é um líder; sempre teve a habilidade de fazer as coisas acontecerem. Segundo, ele se preocupa com as pessoas e as põe para cima. Se as pessoas se sentem desanimadas, tudo o que precisam fazer é passar tempo com papai para melhorarem sua atitude.

3. Diga as palavras certas

Uma fonte de desânimo é conversar consigo mesmo de forma negativa. D. Martyn Lloyd-Jones, que foi, em sua época, o maior cirurgião cardíaco da Inglaterra, diz em seu livro *Spiritual Depression: Its Causes and Cure* [Depressão espiritual: suas causas e cura]: "Grande parte de sua infelicidade na vida deve-se ao fato de que você está se ouvindo, em vez de conversar consigo mesmo".[7] Com isso, acho que ele está falando que muitas vezes, *passivamente*, deixamos que velhas mensagens negativas de nosso passado influenciem nosso pensamento, em vez de, *efetivamente*, dizermos para nós mesmos coisas boas que nos ajudarão a pensar de modo mais positivo. Por anos usei expressões como as que seguem para me ajudar:

- Isso também passará.
- As coisas poderiam ser piores.

- O que mais importa não é o que acontece *comigo*, mas o que acontece *em* mim.
- Mantenha a cabeça erguida.
- Faça mesmo assim.

Você precisa encontrar suas próprias frases em uma linguagem que funcione para você. Contudo, não deixe de ver se a linguagem o motiva de forma positiva, e não de forma negativa ou depreciativa. Ninguém pode motivar-se em um sentido positivo constantemente usando palavras negativas.

4. Tenha as expectativas certas

O clérigo J. Wallace Hamilton certa vez observou: "A vida de toda pessoa é um diário no qual ela tem a intenção de escrever uma história e, não obstante, é forçada a escrever outra". Você não percebeu que esta é uma verdade? Sei que eu percebi. Aqui está a boa notícia: a história que você escreve pode de fato ser *melhor* do que a que imaginou, mas você precisa ter as expectativas certas. Você tem de continuar flexível, e não pode esperar que tudo saia perfeito.

Lawrence R. Burns, professor de psicologia da Universidade Estadual de Grand Valley, em Allendale, Michigan, faz a distinção entre perfeccionistas negativos e positivos. Segundo ele, os perfeccionistas negativos estão "preocupados no sentido de tentar impressionar" e, conseqüentemente, muitas vezes ficam deprimidos, ansiosos e obcecados com seus defeitos. Os perfeccionistas positivos, por outro lado, estabelecem objetivos realistas e se esquecem de si mesmos quando ficam aquém das expectativas.

E Burns diz que uma pessoa pode passar de uma situação para outra. A chave é concentrar-se no que você pode alcançar, e não no que não pode.[8]

5. Tome as decisões certas

Você já se sentiu esgotado no final do dia? Talvez seja porque esteja tomando decisões que o levam a gastar sua energia da maneira errada. Dê uma olhada na lista de atividades a seguir, que se supõe ser da Southern California Medical Association, e no número de calorias que cada uma queima para ver se esse talvez seja o problema:

Atividade	Calorias
Não ir direto ao ponto	75
Refrescar a memória	125
Tirar conclusões precipitadas	100
Subir pelas paredes	150
Engolir seu orgulho	150
Passar a responsabilidade para outro	25
Contar vantagem	100
Bancar o importante	300
Oferecer a outra face	75
Fazer cera	100
Entregar os pontos	200[9]

De fato, as decisões que você toma e o modo como as toma têm um grande impacto sobre seu ponto de vista. Primeiro, é importante sempre fazer a coisa certa. Poucas coisas aumentam o desânimo do modo como um arrependimento ou uma consciência pesada aumenta. Não é fácil pedir desculpas, admitir seus erros, perdoar, controlar seu temperamento, assumir uma culpa merecida ou começar de novo. Mas tomar a decisão de fazer essas coisas quando necessário sempre compensa. Cada um de nós precisa estar disposto a olhar para a vida de modo realista, se ver como realmente é e encarar a verdade.

Segundo, o momento de tomar a decisão também é importante. Muitas pessoas tomam decisões quando as coisas não vão bem. Procuram alívio no desespero do vale, em vez de esperarem pela claridade que vem quando estão no topo da montanha. Por quê? Porque é preciso muito esforço para chegar ao topo da montanha. E, quando você está passando pela escuridão do vale, fazer mudanças que, ao que você espera, aliviarão o desconforto é sempre uma tentação.

Robert Schuller, fundador da Catedral de Cristal, em Orange, na Califórnia, chama isso de Princípio do Pico a Pico. Ele pode ser visualmente representado como algo assim:

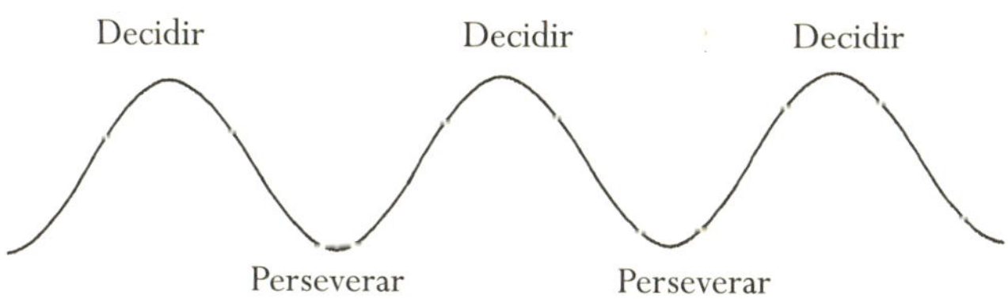

Quando você está no topo da montanha proverbial é que é o momento de tomar decisões. Eis as razões:

Você pode ver sua situação com maior clareza.

Você está seguindo em direção a algo e não apenas fugindo de algo.

Você deixa os que estão à sua volta em uma posição melhor.

Você decide usar dados positivos, não negativos.

Você tem mais chances de ir de pico a pico, em vez de vale a vale.

Por outro lado, quando estiver no deserto, a coisa mais importante que você pode fazer é perseverar. Se continuar a lutar, talvez recobre o fôlego, como fazem os corredores de distância. E dizem que, quando os corredores estão exaustos a ponto de ficarem assim, eles descobrem o que podem de fato realizar. Se você continuar a perseverar enquanto estiver no vale, não só é provável que consiga chegar a um lugar mais alto, de onde poderá tomar decisões melhores, como também terá desenvolvido o caráter, que lhe servirá muito bem por toda a vida.

Há muitos anos, deparei-me com a poesia de Helen Steiner Rice, que me intrigou porque parecia ser caracterizada pela esperança em meio à dor ou ao sofrimento. Quando fiquei sabendo de sua história, sua poesia fez sentido para mim.

Helen nasceu em 1900 e cresceu às margens do Lago Erie. Seu sonho era estudar Direito, mas seus planos de freqüentar a Faculdade Wesleyana tiveram de ser colocados de lado com a morte de seu pai durante a gripe epidêmica de 1918. Em vez disso, ela acabou por aceitar um emprego em uma companhia de energia elétrica.

Em 1928, Helen conheceu um jovem banqueiro chamado Franklin Rice. Não demorou muito e eles se casaram. Mas sua felicidade como casal durou pouco. Logo após a queda da Bolsa de Valores de 1929, Franklin suicidou-se.

Helen voltou a trabalhar, dessa vez aceitando um emprego para editar cartões comemorativos. Por vinte anos ela trabalhou no ramo, tendo alguns de seus poemas publicados pela Gibson Card Company. E ela trabalhou e manteve uma atitude de gratidão, apesar de sofrer de uma dolorosa doença degenerativa.

Um dia, um de seus cartões foi lido no *The Lawrence Welk Show*, e sua vida, de repente, mudou. As pessoas pediam sua poesia. Desde então, elas compraram mais de sete milhões de livros com seus escritos.

Helen morreu em 1981, mas um dos poemas que publicou antes de sua morte descreve uma descoberta que fez quando estava enfrentando momentos terríveis. O poema chama-se "The Bend in the Road" [A curva na estrada] e termina assim:

E juntos estamos diante dos cruzamentos da vida
E vemos o que pensamos ser o fim,
Mas Deus tem uma visão muito maior
E Ele nos diz que é somente uma curva.

Pois a estrada continua e é mais plana
E a pausa na música é um descanso.
E a parte que não é cantada e está inacabada
É a mais doce, a mais rica e a melhor.

Por isso, descanse, relaxe e fique mais forte.
Solte-se e deixe que Deus compartilhe seu fardo,
Sua obra não está concluída nem acabou,
Você apenas chegou a uma curva na estrada.

Se você puder manter essa perspectiva, poderá vencer o desânimo e superá-lo. Ninguém precisa ser prisioneiro dele. Aceite aquilo que faz diferença e ele fará diferença em você.

6 | *Mudança*

Em 3 de agosto de 1492, Colombo zarpou de Palos, no sul da Espanha, em busca de uma rota ocidental para a Ásia. Ele estava convencido de que o mundo era redondo, a despeito de quase todas as pessoas na Europa acreditarem que fosse plano. A maioria das pessoas acreditava que um navio navegando bem ao oeste cairia da extremidade da Terra!

Colombo não encontrou a rota que procurava, mas confirmou suas suspeitas de que a terra era uma esfera. E, após meses de exploração e a perda de um navio, ele voltou para Palos, em 15 de março de 1493, como um herói. E, em questão de meses, a perspectiva de todos na Europa acerca do formato da Terra mudou drasticamente. Isso levou a uma rápida e transformadora revolução do mundo. Certo? Não exatamente.

Colombo foi considerado um herói por voltar de sua aventura. E deve-se a ele o descobrimento de novas terras. Mas as pessoas não mudaram de opinião sobre o formato da Terra. Como afirmam David Bayles e Ted Orland, autores de *Art and Fear* [Arte e medo], quando Colombo voltou do Novo Mundo e anunciou que a Terra era redonda, quase todos ainda insistiam em acreditar que ela era plana. Então eles morreram, e a geração seguinte cresceu acreditando que o mundo era redondo. É assim que as pessoas mudam de opinião.[1]

Todos resistem à mudança. Por muitos anos, pensei que os líderes gostassem de mudança e as demais pessoas não. Como um líder visionário, sempre achei que estivesse atraindo seguidores relutantes para o futuro. Mas, finalmente, percebi que os líderes não gostam de mudanças mais do que seus seguidores – a menos, é claro, que a idéia seja deles!

Por que as pessoas resistem à mudança?

A mudança é difícil para todos. O romancista Mark Twain disse: "A única pessoa que gosta de mudança é um bebê molhado". Na verdade, a mudança é um dos maiores obstáculos à atitude que você sempre enfrentará. Por que é assim? Afinal, o progresso não exige mudança? E o crescimento também não? Não podemos avançar e continuar a ser a mesma pessoa ao mesmo tempo. Não obstante, resistimos à mudança. Por quê? Há várias razões:

1. As pessoas resistem à mudança por causa da perda pessoal

Toda vez que a mudança está para acontecer, a primeira pergunta que surge na mente das pessoas é de que modo essa mudança irá afetá-las. Por exemplo, imagine que um colega de trabalho se aproximou de você hoje e disse: "Acabei de ouvir que o chefe está despedindo algumas pessoas hoje". Será que a primeira coisa que veio à sua cabeça foi:

Eu gostaria de saber que condições do mercado o levaram a tomar essa decisão? Ou foi: *Caramba! Aposto que ele está se sentindo mal por ter de fazer isso?* Ou: *Eu gostaria de saber como isso impactará os lucros da empresa?* Não, talvez a primeira coisa que você tenha pensado foi: *Estou na lista?* A natureza humana simplesmente é assim. Nos momentos em que estamos diante da mudança, podemos, de repente, nos sentir sozinhos e vulneráveis.

As pessoas otimistas verão mais rapidamente o que há de bom em grande parte das mudanças, e talvez tentem incentivá-lo, dizendo algo do tipo: "Tudo bem. Essa mudança é para melhor". Mas a verdade é que há perda até em mudanças positivas. Ralph Waldo Emerson disse: "Para tudo o que você ganha, você perde algo". Na vida, há ganhos e perdas. Mesmo quando a mudança é boa, abriremos mão de coisas que são importantes para nós.

De volta a 1996, quando decidi transferir minhas empresas de San Diego para Atlanta, o empreendimento ganhou com a mudança. Foi a mudança certa por muitas razões. Por outro lado, isso significou deixar muitos amigos bons, o lugar em que eu me sentia em casa e o melhor clima do mundo. Foi um ganho que teve perdas. Como observou o poeta e crítico literário Paul Valéry: "Todo começo é uma conseqüência. Todo começo é o fim de alguma coisa". Quando isso não é visto da forma correta, pode ser desanimador.

> *"Todo começo é uma conseqüência. Todo começo é o fim de alguma coisa". – PAUL VALÉRY*

2. As pessoas resistem à mudança por causa do medo do desconhecido

Gosto de uma história que meu amigo Zig Ziglar conta: um homem lá de onde Judas perdeu as botas ganhou um contrabaixo acústico em um sorteio. Ele o levou para casa e folheou o começo do livro de música que veio junto com o instrumento. Infelizmente, o livro chegou danificado e a única parte que restava intacta era uma página mostrando uma das posições da mão esquerda sobre as cordas e a mão direita puxando o arco. Então, com cuidado, ele pôs os dedos sobre as cordas e passou sobre elas o arco de um lado para o outro, produzindo um som horroroso. E embora fosse o único som que ele conseguia tirar do instrumento, ele praticava todos os dias. Isso, sem dúvida, deixou sua esposa louca.

Então, um dia, a esposa foi a um concerto e, por acaso, seu assento não ficava muito distante do contrabaixista da orquestra. Ela ficou encantada com o som que *esse* músico tirava de seu instrumento e observou-o enquanto seus dedos subiam e desciam pelo braço do instrumento e o arco se movia em vários ritmos. Era uma beleza.

No caminho de volta para casa, ela resolveu que contaria para o seu velho "Johnny Uma Nota" o potencial que seu instrumento tinha, mas preocupava-a o fato de que que seu marido se chateava facilmente. Por acaso, ele estava estudando quando ela chegou em casa.

– Querido, – ela disse – posso lhe fazer uma pergunta?

– Claro – ele respondeu, continuando a serrar as cordas.

– Notei no concerto que o contrabaixista movia a mão esquerda para cima e para baixo, e para a esquerda e para a direita, enquanto a mão direita ora se movia devagar, ora rápido – ela disse com delicadeza, sem intenção de chateá-lo. – Estou curiosa para saber por que ele move tanto as mãos e faz tantas coisas enquanto você deixa as mãos exatamente no mesmo lugar o tempo todo.

– É fácil – ele respondeu. – Aquele meninão ainda está procurando sua posição, e eu já encontrei a minha!

As pessoas muitas vezes evitam a mudança porque se preocupam com o desconhecido. Você provavelmente já ouviu a citação: "A única coisa de que temos de ter medo é do próprio medo – e talvez do bicho-papão". Ironicamente, é o "bicho-papão" que muitas vezes nos faz resistir à mudança. É aquilo que *não* conhecemos que nos leva a ter medo.

> *"A única coisa de que temos de ter medo é do próprio medo – e talvez do bicho-papão". – PAT PAULSON*

As pessoas muitas vezes se apegam àquilo que conhecem, ainda que não estejam satisfeitas. O medo as atrapalha. Contudo, a única maneira de vencer o medo é sair e fazer aquilo que elas têm medo de fazer.

O medo pode ser um problema tão difícil que cheguei a dedicar uma seção inteira deste livro a ele, por isso não preciso entrar em muitos detalhes aqui. Mas direi o seguinte: tudo o que você ama era algo desconhecido para você antes. Não tenha medo de continuar a experimentar algo novo.

3. As pessoas resistem à mudança porque talvez não seja a hora certa

A Lei 19 em *As 21 irrefutáveis leis da liderança* é assim formulada: "Quando liderar é tão importante quanto o que fazer e aonde ir". O que acontece quando você tenta fazer uma mudança na hora errada? Na verdade, quando é a hora certa para fazer mudanças? Do ponto de vista da liderança, há de fato momentos para se fazerem mudanças melhores do que outros. Criei a lista a seguir para ajudar-me durante o processo:

A lista da mudança

- Ela irá beneficiar meus seguidores?
- Esta mudança é compatível com o objetivo da empresa?
- Esta mudança é específica e clara?
- Os 20% que estão no topo (os influenciadores) estão de acordo com esta mudança?
- É possível testar esta mudança antes de comprometer-se totalmente com ela?
- Recursos físicos, financeiros e humanos estão disponíveis para se fazer esta mudança?
- Esta mudança é reversível?
- Esta mudança é o próximo passo visível?
- Esta mudança tem benefícios de curto e longo alcance?
- A liderança é capaz de implementar esta mudança?
- Todas as outras coisas indicam que é a hora certa?

Antes de implementar uma grande mudança, examino essa lista e respondo a cada pergunta com um sim ou não. Se a maioria das perguntas tiver um não ao lado delas, então concluo que talvez não seja a hora certa de fazer mudanças.

4. As pessoas resistem à mudança por ela parecer estranha

Quando foi a última vez que você fez alguma coisa pela primeira vez? Você pode citar algo específico? Tem de ser algo realmente novo. Ver um filme novo não vale – porque você já viu um filme antes. Precisa ser algo que você realmente fez pela primeira vez. Se você não consegue se lembrar, então talvez esteja com problemas.

Quero que você faça um teste. Não fique irritado; confie em mim. Primeiro, quero que você ponha este livro de lado e junte as mãos, palma com palma e os dedos entrelaçados. Experimente.

Se eu lhe pedisse para fazer isso dez vezes – o que não farei –, você fecharia os dedos do mesmo modo todas as vezes, colocando um sobre o outro. Agora quero que você experimente algo. Junte as mãos novamente, mas, *desta* vez, quero que você entrelace os dedos de modo que um fique sobre o *outro*. Experimente.

Não é estranho? É isso que a mudança faz – faz você se sentir estranho. Não é errado; é simplesmente diferente; e nos tira de nossa zona de conforto.

5. As pessoas resistem à mudança por causa da tradição

F. M. Cornford, professor da Universidade de Cambridge, disse: "Nada é realizado até que todos se convençam de que algo deve ser feito e já estejam convencidos disso há tanto tempo que já chegou o momento de se fazer outra coisa". Muitas pessoas apegam-se à tradição. A suposição é a de que, se alguma coisa é tradição, é porque ela é provavelmente o melhor que existe. Mas as coisas não são necessariamente assim. Aqui está uma pergunta enigmática que mostra o que quero dizer: quantos tradicionalistas são necessários para trocar uma lâmpada? A resposta é quatro: um para trocá-la e três para falar como a lâmpada velha era maravilhosa.

Se uma tradição liga você a outras pessoas ou à sua história pessoal, ela pode ser uma coisa boa. Do contrário, então talvez seja hora de experimentar outra coisa.

O PREPARO INDICA UMA MUDANÇA DE SUCESSO

As chaves para lidar bem com a mudança implicam ter uma boa atitude com relação a ela e estar preparado para enfrentá-la. As seguintes idéias podem ajudá-lo nesse sentido:

1. A MUDANÇA ACONTECERÁ QUER VOCÊ GOSTE QUER NÃO GOSTE

Dizem que um duque de Cambridge certa vez disse: "Deve-se lamentar qualquer mudança em qualquer momento por qualquer razão". Sinto pena de pessoas como ele. Elas têm dificuldade para lidar com a realidade e levam uma vida difícil. A mudança é inevitável. A única coisa certa sobre o futuro é que ele será diferente do presente. Se você duvida disso, considere o seguinte: meu avô tinha uma fazenda, meus pais tinham um jardim e eu fiquei com um abridor de latas! Trata-se de um mundo diferente do que ele era há 20 anos, e será diferente daqui a outros 20. Mas a boa notícia é que o mundo muda tão rápido que você nem sempre estaria errado se experimentasse mudar!

2. Sem mudança não há como melhorar

Não sou um proponente da mudança pela mudança. Essa é muitas vezes uma característica de inquietação e pode ser um sintoma de conflito interior pessoal. Honestamente, a mudança pode representar tanto possíveis oportunidades como possíveis perdas. Ainda que todo o progresso traga mudança, nem toda mudança traz progresso. Mas, como observou o especialista em liderança Max DePree: "Não podemos vir a ser aquilo que precisamos ser se continuarmos a ser o que somos". Se você deseja crescer, então deve aceitar a mudança.

O general Douglas MacArthur afirmou: "A vida é um intenso ato de tornar-se. Se você não acrescentou coisas aos seus interesses do ano passado, se está tendo os mesmos velhos pensamentos, contando as mesmas experiências pessoais, tendo as mesmas reações previsíveis, o *rigor mortis* da personalidade já começou". Se você não mudar a direção que está tomando, então é provável que acabe no destino para o qual está seguindo. Quando você quiser algo que nunca teve, terá de fazer, para conquistar isso, algo que nunca fez. Isso significa mudar.

3. Comprometa-se a pagar o preço pela mudança

Sidney Howard, dramaturgo e roteirista norte-americano, observou: "Metade do que você sabe que quer é saber do que você deve abrir mão antes de obtê-lo". A mudança sempre tem um custo, quando não financeiro, de tempo, energia e criatividade. Na verdade, se a mudança *não* lhe custar nada, não é uma mudança de verdade!

Ao considerar como fazer as mudanças necessárias para melhorar e crescer, é importante que você avalie o preço da mudança comparando ao preço do *status quo*. Você precisa fazer o que lhe cabe. Isso muitas vezes faz diferença entre

mudança = crescimento
e
mudança = sofrimento.

O que as mudanças que você deseja realmente irão lhe custar?

> *Se a mudança não lhe custar nada, então não é uma mudança de verdade.*

Tom Peters, especialista em administração, dá uma perspectiva a esse respeito. Ele sugere: "Não atrapalhe um empreendimento. Acabe com ele e comece de novo". Se você quiser ser criativo e fazer algo realmente inovador, isso algumas vezes é preciso: você deve destruir o velho para criar algo novo. Você não pode se deixar paralisar pela idéia de mudança.

4. A mudança deve acontecer dentro de você antes que possa acontecer à sua volta

Gosto da tira cômica do *Snoopy*, de Charles Schulz, na qual Lucy diz para Charlie Brown:

– Eu gostaria de mudar o mundo.

– Por onde você começaria? – Charlie Brown pergunta.

Lucy simplesmente responde:

– Eu começaria com você.

Detesto dizer isso, mas é provável que nossa atitude seja muito mais parecida com a de Lucy do que gostaríamos de admitir. Se não gostamos de alguma coisa, desejamos mudar tudo, menos nós mesmos! Somos resistentes à mudança.

A romancista Frances Hodgson Burnett escreveu:

> A princípio, as pessoas se recusam a acreditar que uma coisa nova e estranha possa ser feita;
> e depois elas começam a ter esperança de que ela possa ser feita,
> depois vêem que ela pode ser feita –
> então ela é feita e todo o mundo se pergunta por que já não havia sido feita há séculos.[2]

O artista Andy Warhol observou: "Dizem que o tempo muda as coisas, mas é você quem tem de mudá-las". A verdade é que qualquer mudança que ocorra no mundo sempre começa, primeiro, com a mudança *interior* de um indivíduo. Essa é a razão por que o dramaturgo George Bernard Shaw disse: "É impossível haver progresso sem mudança e quem não consegue mudar a si mesmo não muda coisa alguma".

> *"Dizem que o tempo muda as coisas, mas é você quem tem de mudá-las". – ANDY WARHOL*

A boa notícia é que, uma vez que você se dedica ao crescimento e ao desenvolvimento de um estilo de vida com um plano para melhorar de dentro para fora, isso passa a ser normal para você. E você percebe quando não está fazendo o progresso que chegou a esperar. Diz-se que o pianista Arthur Rubenstein recusou-se a ouvir gravações feitas de músicas que ele havia executado. Somente alguns meses depois de tê-las concluído foi que ele ficou insatisfeito com a interpretação que ouviu. Por quê? Porque *ele* havia crescido e mudado, não as gravações.

5. Veja o que você não está a fim de mudar

Tenho de admitir que sou fanático por crescimento pessoal. Há poucas coisas de que gosto mais do que aprender algo novo. Meu pai fez-me começar quando criança. Na verdade, ele pagava para eu ler livros que me ajudariam a aprender e crescer. Agora estou com quase 60 anos e ainda gosto de ver quando estou melhorando em uma área em que pretendi crescer. Mas, por mais que me dedique ao progresso, há algumas coisas que não estou a fim de mudar – seja o que for –, como minha fé e meus valores. Eu preferiria morrer a abrir mão da minha fé em Deus ou do meu compromisso com a integridade, com a família, com a generosidade e com a crença nas pessoas. Há algumas coisas com as quais não vale a pena comprometer-se por nada neste mundo.

Quero incentivá-lo a pensar nas coisas que não são negociáveis em sua vida. Pelo que você está disposto a viver e morrer? Escreva as coisas às quais você irá se agarrar, seja o que for, e reserve um tempo para explicar por quê. Uma vez feito isso, então *todas as outras coisas* deveriam estar abertas à mudança.

6. Lembre-se de que nunca é tarde demais para mudar

Já mencionei que estou com quase 60 anos. Quanto mais envelheço, mais conheço pessoas da minha idade que expressam arrependimento pelo modo como levaram a vida. Às vezes elas se arrependem de coisas que fizeram, mas quase sempre se arrependem de coisas que *não* fizeram e que sentem que deveriam ter feito. Se pedirem meu conselho, cito um de meus ditados favoritos:

> Embora ninguém possa voltar atrás
> e construir um novo começo,
> qualquer pessoa pode começar a partir de agora
> e construir um final completamente novo.

Nunca é tarde demais para mudar. Como diz o provérbio turco: "Não importa até onde você tenha trilhado o caminho errado, volte".

Meu amigo Dick Biggs, conferencista e autor, faz um programa chamado "The Headache of Changing or the Headache of Not Changing" [A dor de cabeça de mudar ou a dor de cabeça de não mudar]. Gosto desse título porque ele realmente descreve o dilema que todos temos quando estamos diante de uma possível mudança. Dick, uma pessoa que pensa positivo com uma boa atitude, também escreveu um poema sobre o tema. Ele graciosamente permitiu que eu o compartilhasse com você.

"Vou dominar a mudança ou ela vai me dominar?"
Por Dick Biggs

Os momentos decisivos da vida são tão certos quanto a maré
Se é apenas uma questão de quando, então por que não decidir?
Para aceitar essas transições como formas de crescimento
É loucura ignorar o que você já sabe.

Prometa que irá se adaptar às crises da vida
Não há razão para sofrer mais crises ou conflitos.
Quase sempre a mudança torna-se uma bênção na hora certa
Enquanto o torna mais sábio na busca de sua excelência.
É impossível não haver *nenhuma* mudança, ninguém está livre.
Você pode abandonar a fé ou balançar os ombros em sinal de desprezo.
A vida vem em ciclos, não existem dois iguais
Afirmar que nada é novo é um jogo ingênuo.

Algumas mudanças não são práticas, algumas coisas devem permanecer
Você precisa de valores que valham a pena, tão profundos e puros.

Além de um propósito nobre para guiá-lo a cada dia
E dar sentido à vida enquanto você constrói o seu caminho.

Mas a *maioria* das coisas muda, é uma lei natural
Você pode acreditar que essa é uma verdade ou ficar aí, amedrontado.
Talvez seja desconfortável, talvez cause dor –
Não será um coração pesaroso um peso maior?

A *cada* mudança, há uma conseqüência a carregar
Portanto, aceite o desafio, pois a vida raramente é justa.
Esteja disposto a arriscar, e você, com certeza, encontrará
Mais coragem e força com uma mente positiva.

Seja ousado, seja arrojado, seja receptivo à mudança
Pois a maioria das coisas fica melhor quando você as muda de lugar.
Saia da rotina, procure uma nova força vital
Supere o velho e passe para uma nova realidade.

Ah, a vida tem momentos decisivos, eles não desaparecerão
Levante-se para acolhê-los e vencer seu medo.
A escolha é simples, é a mais clara possível:
Vou dominar a mudança ou ela vai me dominar?

No final, a dúvida é realmente essa. Você pode deixar a mudança *levar* de você o que há de melhor ou pode aproveitar a mudança e deixá-la *fazer* o melhor possível em você. Para isso, é preciso ter uma atitude positiva para com esses processos de transição. Você precisa continuar a confiar naquilo que faz diferença.

Como sua atitude pode fazer diferença no que diz respeito à mudança

Pense em uma mudança a que você está resistindo no momento. Pode ser uma mudança que você se sente preparado para fazer ou está, no momento, sendo cobrado pelos outros para fazer. Defina a mudança com a maior clareza possível aqui:

A seguir, escreva todos os benefícios da mudança:

Agora considere por que você está resistindo à mudança. Responda sim ou não para cada uma das perguntas a seguir:

Sim	Não	Pergunta
____	____	1. Você não sabe ao certo o que acontecerá em conseqüência da mudança?
____	____	2. Você está preocupado por achar que talvez não seja a hora certa?
____	____	3. A mudança viola a tradição?
____	____	4. A mudança criará algum tipo de perda para você em termos pessoais?
____	____	5. A mudança irá fazê-lo se sentir estranho?

Se você respondeu sim para as perguntas 1 ou 2, use a Lista da Mudança que aparece no início do capítulo para explorar mais a fundo as questões.

Se você respondeu sim para a pergunta 3, examine por que está apegado à tradição. Qual o verdadeiro valor que a tradição tem para você, para os outros na empresa ou para as pessoas para quem você trabalha? Ponha isso no papel. Agora avalie esse valor diante dos benefícios que você listou anteriormente.

Se você respondeu sim para as perguntas 4 ou 5, passe um tempo pensando de que forma o aprimoramento só pode vir com a mudança. E pense em seus motivos. Você está se colocando à frente da empresa ou das pessoas para quem trabalha? Lembre-se de que o valor da mudança pode às vezes ajudar uma pessoa a fazer transições difíceis.

Independentemente de como você respondeu às perguntas, lembre-se de que, para a mudança ocorrer:

1. Você deve se comprometer a pagar o preço pela mudança.

2. Ela deve acontecer dentro de você antes de poder acontecer à sua volta.

3. Nunca é tarde demais para mudar.

7 *Problemas*

Recentemente eu estava folheando uma revista quando um anúncio de uma empresa chamada Accenture atraiu minha atenção. A página exibia o jogador de golfe Tiger Woods, abaixado, em um campo de golfe, preparando-se para fazer uma tacada leve. Ele estava segurando seu taco de golfe na mão esquerda e havia acabado de posicionar sua bola. Seu olhar estava bastante concentrado – ansiosamente atento – no buraco. No alto da página, estavam as palavras: "Esperar pelas condições ideais raramente é uma opção". Só depois de ler aquelas palavras foi que percebi que, no primeiro plano, havia um homem com uma capa de chuva tirando com um rodo uma grande quantidade de água do campo, preparando-o para a tacada. É óbvio que Woods estava exercendo sua habilidade em meio a uma pancada de chuva, mas isso não parecia perturbá-lo nem um pouco. Logo abaixo da imagem de Woods, estava escrito: "Vá em frente. Seja um Tiger [Tigre]".

Uma perspectiva sobre os problemas

É assim que as coisas são para todos nós, não é? Tentamos fazer as coisas – seja o trabalho, uma brincadeira, a interação com a família ou alguma outra coisa qualquer – e nos vemos tendo de fazer isso em meio a tempestades. Simplesmente não podemos evitá-las. Eis o que quero dizer:

1. Os problemas estão por toda parte e todos nós temos alguns

Um homem que morava na cidade de Nova York levantou-se cedo em uma manhã e, antes de sair de casa para cumprir as tarefas do dia, recebeu quatro ligações de longa distância de clientes que tinham problemas – cada um deles queria que ele entrasse às pressas em um avião para tentar resolvê-los. Por fim, ele acabou de se vestir e foi para a cozinha onde recebeu mais outras duas ligações, dessa vez de clientes locais. Ele disse para a esposa que não tomaria o café da manhã, desceu e chamou um táxi.

– Tudo bem, lá vamos nós – ele gritou enquanto entrava no táxi.

– Para onde, senhor? – perguntou o taxista.

– Sei lá – respondeu o homem. – Tenho problemas por toda parte.

Você já teve dias assim? Para todos os lugares para onde olha, você vê mais problemas. Ninguém está livre das dificuldades da vida. Ter dinheiro não impede as pessoas de terem problemas. Nem dinheiro, nem posição social, nem talento ou um bom emprego. Na verdade, Malcolm Forbes observou: "Se você tiver um emprego sem aborrecimentos, você não tem um emprego".

Escolha qualquer pessoa viva ou morta e, se observar, você verá que ela teve problemas.

É simplesmente impossível escapar dos problemas. Se for um ser humano e estiver respirando, você terá problemas.

2. Nossa perspectiva sobre o problema e não o problema em si, normalmente, determina o nosso sucesso ou o nosso fracasso

Alfred Armand Montapert disse: "A maioria vê os obstáculos; a minoria vê os objetivos; a história registra os sucessos dos últimos, enquanto o esquecimento é a recompensa dos primeiros". As perspectivas das pessoas fazem uma grande diferença no modo como elas abordam seus problemas. Dê uma olhada nas diferenças entre as abordagens corretas e erradas:

Uma perspectiva errada	**Uma perspectiva correta**
Os problemas não têm solução.	Os problemas têm solução.
Os problemas são permanentes.	Os problemas são passageiros.
Os problemas *não* são normais.	Os problemas são uma parte normal da vida.
Os problemas deixam-nos amargos.	Os problemas nos deixam melhores.
Os problemas nos controlam.	Os problemas nos desafiam.
Os problemas nos fazem parar.	Os problemas nos fazem crescer.

Uma das razões por que resolver problemas é tão difícil é que muitas vezes estamos tão próximos deles que não os entendemos. O romancista John Galsworthy observou: "O idealismo aumenta na proporção direta de nossa distância do problema". Ao se afastar (literal ou figurativamente) de um problema, você pode muitas vezes ter uma perspectiva melhor sobre ele. E essa perspectiva melhor não só irá ajudá-lo a se sentir melhor com relação ao problema, como também irá ajudá-lo a resolver mais facilmente tal situação.

3. Há uma diferença entre reconhecer o problema e resolver o problema

O cartunista Ashleigh Brilliant observou: "Não tenho nenhuma solução, mas, com certeza, admiro o problema". Não é assim que algumas pessoas agem? Elas são rápidas demais para encontrar algum tipo de problema e apontá-lo. Por exemplo, veja as seguintes observações que foram extraídas de fichas de registro e comentários devolvidos, em 1996, à equipe da Bridger Wilderness Area, em Wyoming:

- As passagens precisam ser mais amplas para que as pessoas possam andar de mãos dadas.
- As passagens precisam ser refeitas. Por favor, evitem construir pistas íngremes.
- Há muitos insetos, sanguessugas, aranhas e teias de aranha. Por favor, apliquem inseticidas nos jardins para remover essas pragas da área.
- Por favor, pavimentem as pistas para que a neve possa ser tirada durante o inverno.
- É preciso haver teleféricos em alguns lugares para que possamos chegar a vistas maravilhosas sem termos de penar para isso.

- Os coiotes fizeram muito barulho na noite passada e não me deixaram dormir. Por favor, acabem com esses animais chatos.
- Um veadinho entrou no meu acampamento e levou meu vidro de conservas. Tem como eu ser reembolsado?
- É preciso colocar refletores nas árvores a cada 15 metros para que as pessoas possam caminhar à noite com lanternas.
- Escadas rolantes ajudariam em pontos íngremes das colinas.
- Seria ótimo se tivéssemos um McDonald's logo no início das pistas.
- Os lugares onde não há pistas não estão bem sinalizados.
- Há muitas pedras nas montanhas.[1]

Para se tornar uma pessoa que supera problemas, você precisa passar a resolver problemas.

4. O tamanho da pessoa é mais importante do que o tamanho do problema

Você pode medir a capacidade de uma pessoa pela oposição necessária para desanimá-la. Orison Swett Marden, fundador da revista *Success* [Sucesso], observou: "Os obstáculos lhe parecerão maiores ou menores em função de ser você grande ou pequeno". Pessoas grandes superam obstáculos grandes.

Há uma enorme diferença entre uma pessoa que tem um grande problema e uma pessoa que faz com que um problema seja grande. Dizem que os imigrantes legais nos

Estados Unidos têm quatro vezes mais chances de ficar milionários do que os norte-americanos nativos. Eles conseguem essa proeza a despeito dos obstáculos extras que muitas vezes enfrentam, como diferenças de língua, choque cultural, separação da família e isolamento.

Robert Orben, escritor de piadas, diz que certa vez viu um anúncio em um jornal do *show business* que dizia: "Domador de leões procura leão manso". É óbvio que o artista circense tinha oportunidade de crescer. Em vez de trabalhar para crescer, ele quis diminuir o problema.

5. Os problemas, quando tratados corretamente, podem de fato nos fazer avançar

Uma jovem estava se queixando com o pai sobre seus problemas e como sua vida era difícil.

– Venha comigo – ele disse. – Quero mostrar-lhe algo.

Ele a levou à cozinha onde colocou três panelas com água para esquentar no fogão. Enquanto isso, cortou algumas cenouras e as colocou na primeira panela para cozinhar. Na água que fervia lentamente na segunda panela, ele colocou dois ovos. Na terceira panela, ele despejou um pouco de café moído. Alguns minutos depois, ele escorreu as cenouras e as colocou em uma tigela, descascou os ovos e os pôs em outra tigela, e despejou o café coado em uma xícara. Então ele os colocou diante da filha.

– O que tudo isso significa? – ela perguntou, um tanto impaciente.

– Cada um desses itens pode nos ensinar algo sobre o modo como lidamos com a adversidade – ele respondeu.

– As cenouras começaram duras, mas a água fervente as amoleceu. Os ovos foram frágeis para a água, mas saíram firmes e elásticos. O café, por outro lado, transformou a água em algo melhor.

– Querida, – ele disse – você pode escolher como responderá aos seus problemas. Você pode deixar que eles a enfraqueçam. Você pode deixar que eles a endureçam. Ou pode usá-los para criar algo proveitoso. Tudo depende de você.

Por décadas, Victor e Mildred Goertzel estudaram a vida de pessoas famosas que alcançaram o sucesso. Primeiro, publicaram suas descobertas, em 1962, em *Cradles of Eminence* [Berços de ouro] e, desde então, têm revisado e atualizado o livro. O que eles descobriram ser o maior traço comum entre as pessoas de sucesso que examinaram? Você ficaria surpreso em saber que a maioria delas teve grandes obstáculos para superar? Os problemas que enfrentaram – alguns físicos, outros emocionais e outros financeiros – incentivaram-nas a realizar coisas. É provável que muitas não tivessem chegado ao sucesso sem os problemas que tiveram de superar.

Princípios para lidar com problemas

Reconhecer os problemas pelo que eles são – testes passageiros de sua decisão e de sua habilidade – não lhe fará muito bem se você não souber superá-los e seguir em frente. Afinal, a melhor maneira de escapar de um problema é resolvê-lo. Aqui estão alguns conselhos a esse respeito:

1. Defina o que é um problema de verdade

O filósofo Abraham Kaplan faz uma distinção entre problemas e situações difíceis. Problema é algo sobre o qual você pode fazer alguma coisa. Se você não puder fazer nada, não se trata de um problema; trata-se de uma situação difícil. Isso significa que é algo que deve ser enfrentado, suportado.

> *Problema é algo sobre o qual você pode fazer alguma coisa. Se você não puder fazer nada, não se trata de um problema; trata-se de uma situação difícil.*

Quando as pessoas tratam uma situação difícil como um problema, podem ficar frustradas, irritadas ou deprimidas. Elas perdem energia. Tomam decisões erradas. E quando tratam os problemas como situações difíceis, elas muitas vezes se acomodam, desistem ou se vêem como vítimas.

Deixe-me dar alguns exemplos para ajudá-lo a entender o que estou falando. Em um casamento é possível que o marido seja uma pessoa de hábitos diurnos e que sua companheira prefira a noite. Essa é uma situação difícil. Você não pode mudar isso. Não pode mudar o modo como as pessoas são por dentro. Se tentar fazer isso, você e seu cônjuge passarão por muitos conflitos, e não haverá solução. No entanto, a dificuldade que vocês têm para encontrar maneiras de passar tempo juntos por causa de suas diferentes inclinações *é* um problema e ele *pode* ser resolvido.

Aqui está outro exemplo. Digamos que você vá trabalhar um dia e descubra que a empresa para a qual trabalha vai fechar as portas. Ela faliu e isso significa que seu emprego se foi. Essa é uma situação difícil – a menos que você esteja em uma situação financeira que lhe permita comprar a empresa. Supondo que esse não seja o caso, o que você vai fazer? Vai gastar energia queixando-se de perder seu emprego ou tentando conversar com seu chefe para que ele recomece o empreendimento? Seria melhor você se esforçar para tentar resolver o *problema* de encontrar um novo emprego ou começar seu próprio negócio. As pessoas que têm uma atitude positiva muitas vezes perdem um emprego e usam essa situação como uma oportunidade para que passem para algo melhor. As pessoas que gastam tempo e energia tentando resolver uma situação difícil simplesmente ficam frustradas.

Há mais de 25 anos, quando eu estava lidando com alguns problemas difíceis, escrevi algo para me ajudar a vê-los pela perspectiva correta. Isso passou a ser minha nova "definição" de problema. Talvez seja útil para você também:

P redizem – ajudando a moldar nosso futuro.

R ecordam – mostrando-nos que não podemos ter sucesso sozinhos.

O portunidades – arrancando-nos da rotina e incentivando-nos a pensar criativamente.

B ênçãos – abrindo portas pelas quais, de outra forma, não passaríamos.

L ições – dando instrução a cada novo desafio.

E m toda a parte – dizendo que ninguém está livre de dificuldades.

M ensagens – advertindo-nos sobre o possível desastre.

A quilo que se pode resolver – lembrando-nos de que todo problema tem uma solução.

Se você puder separar as situações difíceis dos problemas, então se coloque em uma posição melhor para lidar com as situações difíceis e resolver os problemas.

2. Previna problemas

Um jovem enviou uma mensagem criptografada de correio eletrônico para sua mãe em casa no final de seu segundo semestre na faculdade. Dizia: "Expulso da escola e voltando para casa amanhã. Prepare o papai". Não demorou muito e ele recebeu uma resposta igualmente curta: "Papai está preparado. Prepare-se!".

Al Davis, dono do time de futebol americano NFL's Oakland Raiders, diz: "Um grande líder não trata problemas como coisas especiais. Ele os trata como coisas normais". Se você estiver trabalhando, espere problemas. Se estiver lidando com familiares, espere problemas. Se estiver apenas cuidando daquilo que é da sua conta e tentando relaxar, espere problemas. Se tudo sair conforme o planejado, então você terá uma agradável surpresa. Se não sair e você se programou para isso, não ficará tão frustrado. Um problema não previsto é um problema. Um problema previsto é uma oportunidade.

3. Enfrente o problema

Cerca de 20 anos atrás, passava um comercial de televisão que mostrava uma família em casa. Os filhos estavam brincando, a mãe passando o aspirador de pó na casa e o pai lendo o jornal. Eles podiam ser vistos como uma típica família norte-americana, exceto por um problema: havia um enorme elefante na sala com eles. Mesmo você podendo ver que aquele elefante estava dificultando as coisas para eles, e eles estavam tendo de se virar com ele, a família parecia ignorar o animal, fingindo que ele não existia. O anúncio era para a conscientização contra o alcoolismo. Problemas difíceis como o alcoolismo criam o caos nas famílias, mas as pessoas muitas vezes fingem que tudo está bem e não discutem o problema.

John Perkins, autor e ex-planejador econômico, acredita no seguinte: "Há três tipos de pessoas em nossa sociedade: aquelas que não conseguem ver ou se recusam a ver os problemas; aquelas que vêem os problemas e, pelo fato de não os terem criado, contentam-se em culpar outra pessoa; e aquelas que vêem os problemas e, embora não os tenham criado, estão dispostas a assumir a responsabilidade de resolvê-los".

Em minhas décadas de experiência trabalhando com pessoas, descobri que, quando estão diante da adversidade, as pessoas tomam uma destas quatro decisões:

Fogem – elas tentam escapar, mas os problemas sempre as acompanham.
Esquecem – elas esperam que o problema desapareça, mas os problemas, quando abandonados, só pioram.
Lutam – elas resistem, mas os problemas ainda continuam.
Enfrentam – elas olham para o problema de modo realista.

As pessoas que enfrentam seus problemas entendem que o primeiro passo para resolver um problema é começar a encará-lo.

4. Avalie o problema

Dizem que se você mantiver a calma quando todos à sua volta estiverem perdendo a cabeça é porque você não entendeu o problema. Falando seriamente: se um problema grave não o levar a parar e a examinar a situação, é provável que você não o tenha avaliado de modo adequado. E isso lhe criará dificuldades mais adiante, pois, se você julgar mal o tamanho ou a extensão de um problema e tentar lidar com ele de qualquer modo, terá de parar no meio de sua tentativa para resolvê-lo, reavaliá-lo e começar tudo de novo.

Mike Leavitt, secretário de Saúde e Serviços Humanos dos Estados Unidos do governo do presidente George W. Bush, diz o seguinte: "Existe um momento na vida de todo problema em que ele é grande o bastante para ser reconhecido, mas pequeno o bastante para ser resolvido". O truque é descobrir o momento certo e depois ser paciente no momento de implementar a solução. Pessoas inexperientes esperam que os problemas sejam resolvidos instantaneamente. Pessoas experientes são como o escultor hábil que continua a bater o cinzel no pedaço de mármore com golpes firmes do martelo. Ao contrário do escultor inexperiente que espera partir a pedra com uma única martelada, ele sabe que, se continuar a trabalhar nela, no final, terá sucesso.

5. Aceite todo problema como uma possível oportunidade

Certa vez, perguntaram para o presidente John F. Kennedy como ele se tornou um herói de guerra. Ele respondeu: "Foi muito fácil. Alguém afundou meu barco!" Embora seja verdade que certas pessoas tenham uma visão para a inovação ou para a mudança e vão atrás dela com um objetivo, na maior parte do tempo a adversidade abre o caminho para o sucesso. Foi o que aconteceu com King Gillette, que estava tão cansado de afiar sua navalha que desenvolveu a gilete com lâminas descartáveis. Foi o que aconteceu com Chester Greenwood, que sofria com as orelhas queimadas pelo frio e, conseqüentemente, desenvolveu o protetor de ouvidos. Foi o que aconteceu com Humphrey O'Sullivan, um tipógrafo, que se cansou dos colegas de trabalho que continuavam a furtar o capacho de borracha sobre o qual ele ficava para trabalhar e, finalmente, criou a sola de borracha para seus sapatos. E foi o que aconteceu com um homem cuja lojinha estava em uma terrível situação financeira. Ele lembrou:

> Eu estava pagando ao corregedor cinco dólares por dia para postergar um julgamento contra minha pequena fábrica. Então veio o fornecedor de gás e, por não poder pagar de pronto a conta que eu tinha para com ele, ele cortou meu gás. Eu estava no meio de certas experiências muito importantes e o fato de ter ficado no escuro por causa do fornecedor de gás deixou-me tão irritado que, no mesmo instante, comecei a ler sobre técnicas e economia de gás e decidi que tentaria ver se não era possível substituir o gás pela eletricidade e competir no mesmo nível com aquele fornecedor que deixara de abastecer o meu estabelecimento.[2]

Aquele homem foi Thomas Edison, fundador da Edison General Electric Company, que mais tarde se tornou a General Electric.

Os problemas são coisas que nos despertam para a criatividade. Se optarmos por despertar e levantarmo-nos, os problemas irão nos estimular a usar nossas habilidades, a reunir nossos recursos e nos levar a seguir em frente. Quando uma pessoa tem aquilo que faz diferença, a adversidade faz com que ela use e desenvolva uma força maior.

Os problemas são coisas que nos despertam para a criatividade.

6. Pense em pessoas que têm problemas maiores

Em um desenho do *Snoopy*, ele vê que todos os membros da família estão dentro de casa comemorando o dia de Ação de Graças com um jantar, enquanto ele fica com a comida de cachorro. *O que você acha disso?*, ele pensa consigo mesmo. *Todos estão comendo peru hoje, mas, só porque sou um cachorro, fico com a comida de cachorro.*

Ele vai até sua casinha, sobe em cima dela e pensa, de repente ganhando perspectiva. *É claro* –Snoopy percebe – *poderia ter sido pior: eu poderia ter nascido peru.*

Até onde nossos problemas parecem grandes ou difíceis é muitas vezes uma questão de perspectiva. Grande parte das dificuldades que enfrentamos é muito insignificante no grande esquema das coisas. Quando um amigo está com câncer ou perde um ente querido, *é que* nos damos conta do quão pequenos nossos problemas são.

O escritor James Agee lembrou como certa vez iniciou uma conversa com uma pobre velhinha no centro de

Apalachia durante a Grande Depressão. Ela morava em uma cabana muito pequena com o chão sujo, sem aquecimento e sem encanamento dentro de casa.

– O que a senhora faria – ele perguntou – se alguém aparecesse e lhe desse dinheiro para ajudá-la a sair de um problema?

A velha senhora pensou por um instante e respondeu:

– Acho que daria o dinheiro aos pobres.

7. Faça uma lista com todas as possíveis formas para resolver o problema

Richard Wirthlin foi pesquisador da opinião pública no governo do presidente Ronald Reagan. Durante aqueles anos, o índice de aprovação do presidente variava consideravelmente. Logo após a tentativa de assassinato contra a vida de Reagan, seu índice chegou a quase 90%. Um ano depois, em meio à recessão de 1982, seus números despencaram. Wirthlin lembra ter de mostrar aqueles números baixos para Reagan.

– Bem, como foi? Como estão os números? – perguntou o presidente.

– Bem, os números estão muito ruins, senhor presidente.

– Ruins até que ponto?

– Bem – respondeu Wirthlin – estão em torno de 32%.

– Ric, não se preocupe – disse o presidente com um sorriso. – Vou lá para fora tentar levar um tiro de novo.[4]

O autor e conferencista Grenville Kleiser afirmou: "Para todo problema já existe uma solução quer você a conheça quer não". Eu daria esse outro passo mais adiante. Acredito que todo problema tem *muitas* soluções e nenhum problema resiste ao ataque de uma opinião sustentada.

Para resolvermos os problemas, precisamos estimular nossa criatividade, pôr em prática a opinião sustentada e reunir nossos recursos. Entre esses recursos estão as pessoas. Os problemas que nos cercam não são tão importantes quanto as pessoas à nossa volta. Enquanto pensamos em soluções, devemos considerar as pessoas que conhecemos que talvez possam nos ajudar.

8. Determine as três melhores maneiras para resolver o problema

Uma velha senhora estava sendo julgada pelo assassinato de seu terceiro marido. Um advogado perguntou:

– O que aconteceu com seu primeiro marido?

– Ele morreu envenenado depois de comer cogumelos – disse a mulher.

– E seu segundo marido?

– Ele também morreu envenenado depois de comer cogumelos – ela respondeu.

– Bem, e – continuou o advogado – seu terceiro marido?

– Ele morreu de uma concussão cerebral.

– Como isso aconteceu? – perguntou o advogado.

– Ele não comia cogumelos.

Quem pensa bem sempre tem mais de uma maneira para resolver um problema. Acredito que as pessoas se enganam quando pensam que existe somente uma solução para qualquer problema. Se identificar as *três* melhores soluções para qualquer problema, você oferece opções para si mesmo – e um plano de segurança, caso a primeira solução falhe.

9. Concentre-se novamente na missão

Ralph Waldo Emerson observou: "A concentração é o segredo da força na política, na guerra, no comércio e, em resumo, em toda a administração das questões humanas". Em que você deveria se concentrar? Na missão. E, ao cometer um erro, não vá atrás dele. Não tente justificá-lo. Não invista mais dinheiro nele. Apenas concentre novamente sua atenção na missão e depois siga em frente. Você deve sempre manter os olhos naquilo que deseja fazer. Ainda estou para conhecer a pessoa cujo foco estava no ontem e que teve um amanhã melhor.

John Foster Fulles, secretário de Estado na gestão de Eisenhower, observou: "A medida do sucesso não está em se você tem um problema difícil para ser tratado, mas se ele é o mesmo problema que você teve no ano anterior". Um problema resolvido é um trampolim para o sucesso futuro, para coisas maiores e melhores. A chave é concentrar-se no que você está aprendendo, não no que está perdendo. Se você fizer isso, abrirá a porta para possibilidades futuras.

> *"Pensamento positivo é como você pensa sobre um problema. Entusiasmo é como você se sente com relação a um problema. Os dois juntos determinam o que você faz com relação a um problema". – NORMAN VINCENT PEALE*

Aquilo que faz diferença pode ajudá-lo a fazer isso. Pode ajudá-lo a aprender com o presente e olhar para o futuro. Norman Vincent Peale disse: "Pensamento positivo é como você pensa sobre um problema. Entusiasmo é como você se sente com relação a um problema. Os dois juntos determinam o que você faz com relação a um problema". E, no final, é isso o que realmente importa.

Como sua atitude pode fazer diferença ao lidar com problemas

Reserve um ou dois minutos para fazer uma lista com as dez principais coisas que você fez em sua vida das quais sente mais orgulho. Não leve em consideração o que, para os outros, talvez tenham sido suas maiores realizações. Esta lista é *sua*. E não tente classificá-las. Simplesmente escreva as dez primeiras coisas em que você consegue pensar rapidamente.

1. ______________________________

2. ______________________________

3. ______________________________

4. ______________________________

5. ______________________________

6. ______________________________

7. ______________________________

8. ______________________________

9. ______________________________

10. ______________________________

Agora que você concluiu sua lista, estou disposto a apostar que essas conquistas foram alçançadas depois que você...

1. Teve um problema (ou desafio)
2. Duvidou de si mesmo
3. Comprometeu-se a perseverar

Olhando para trás, normalmente nos lembramos do problema e do compromisso, mas nos esquecemos de que também passamos por uma fase em que duvidamos de nós mesmos. Esquecemos que tivemos de mudar nosso modo de pensar antes de podermos mudar o problema. E, para isso, é preciso que algo faça diferença – a sua atitude. Quando estiver diante de problemas, lembre-se sempre de começar por você mesmo.

8 | *Medo*

Em 4 de março de 1933, Franklin Delano Roosevelt prestou juramento para o cargo de 32º presidente dos Estados Unidos. Era um período negro na história norte-americana porque o país estava no pior momento da Depressão. O desemprego era de 25%, as contas de poupança de muitas famílias estavam liquidadas por causa das falências dos bancos e a hipoteca estava executando as terras dos fazendeiros. As pessoas estavam tendo dificuldade para sustentar suas famílias. Para ajudar a tranqüilizar as pessoas do país, durante seu primeiro discurso inaugural Roosevelt proferiu as agora já famosas palavras:

> Deixe-me reafirmar minha crença de que a única coisa que devemos temer é o próprio medo – um terror sem nome, sem razão e sem justificação que paralisa os esforços necessários para converter o retrocesso em progresso. Em todo momento escuro da nossa vida nacional, uma liderança de franqueza e vigor deparou-se com aquela compreensão e com aquele apoio das pessoas que são essenciais para a vitória. Estou con-

> vencido de que vocês novamente darão este suporte à liderança nestes dias críticos.[1]

O que a maioria das pessoas não sabe é que o próprio presidente havia passado por alguns momentos escuros em que o medo o paralisara. Roosevelt foi uma criança privilegiada e foi educado na Europa, em Harvard, e na Faculdade de Direito de Columbia. Com seus vinte e tantos anos, ele se tornou senador estadual e cumpriu seu mandato, atuando como secretário assistente da marinha. Mas, em 1921, aos 39 anos, Roosevelt foi acometido de poliomielite que o deixou seriamente debilitado.

Durante sua recuperação, Roosevelt desenvolveu um medo terrível de fogo. Sua preocupação era não conseguir escapar de um incêndio por causa de sua inabilidade. Mas, com o tempo, Roosevelt superou seu medo. Voltou a usar as mãos e até aprendeu a andar novamente com o auxílio de suspensórios. E entrou novamente para a política – fazendo, corajosamente, campanha para tornar-se governador de Nova York, o que conseguiu em 1929. Ele continuou até tornar-se um dos maiores presidentes dos Estados Unidos.

O medo faz parte da condição humana

Temos a tendência de pensar que as pessoas de sucesso, de algum modo, estão livres do medo, mas nada poderia estar mais distante da realidade. Toda geração na história humana teve medo. O medo remonta-nos a Adão e Eva. Depois de desobedecerem a Deus e de Deus os ter chamado, Adão respondeu: "Ouvi teus passos no jardim e fiquei com medo, porque estava nu; por isso me escondi".[2]

O medo faz parte da natureza humana, e sempre fez. Acompanhe a história humana e você poderá encontrar muitas referências ao medo. Aqui estão apenas algumas:

- Lucrécio (cerca de 60 a.C.). "Assim como as crianças tremem e têm medo de tudo na escuridão cega, também nós, à claridade da luz, às vezes tememos o que não deveria inspirar mais temor do que as coisas que aterrorizam as crianças no escuro e que, segundo elas, irão acontecer".
- Michel Eyquem de Montaigne (1580). "O que eu mais temo é o medo".
- Francis Bacon (1623). "Não há nada mais terrível do que o próprio medo".
- Duque de Wellington (1831). "A única coisa de que tenho medo é o medo".

As pessoas, hoje, também têm medo. Segundo o psiquiatra James Reich, 3% de todos os norte-americanos sentem pânico, 6% têm agorafobia, 3% têm ansiedade generalizada, 2,5% têm fobias simples (medo de uma situação, objeto, criatura, experiência ou atividade específica) e 1,5% têm fobias sociais (medo de situações que envolvam interação com outras pessoas).[3] Isso significa que uma em cada seis pessoas tem sérios problemas com o medo. Em um comentário mais claro, um psiquiatra que foi convidado para o primeiro programa de *Tonight Show* contou ao apresentador Steve Allen que "os dois únicos medos realmente instintivos nos homens são o medo de barulhos altos e o medo de cair". Em seguida, perguntou:

– Do que você tem medo, senhor Allen?

O apresentador respondeu:

– Tenho muito medo de fazer muito barulho quando estiver caindo.

Sem dúvida, os medos da maioria das pessoas são muito comuns. Pesquisas realizadas pelo Barna Research Group indicam que quatro em cada cinco adultos enfrentam grandes dificuldades na vida que de fato os preocupam. Suas preocupações dividem-se desta forma:

Finanças 28%
Saúde 19%
Preocupações com a profissão 16%
Brigas dos pais 11%
Relacionamentos familiares 7%
Atingir metas pessoais 7%[4]

Seus maiores temores talvez não estejam nessa lista, mas tenho certeza de que você tem algum tipo de medo.

Os efeitos destrutivos do medo

O medo pode ser uma força muito destrutiva na vida de uma pessoa. A raiz da palavra *medo* vem do termo *mètus* no latim, que significa 'temor, desassossego, inquietação, ansiedade; temor religioso; objeto de temor'[5] É isso que o medo faz conosco: ele nos ataca e nos faz cativos. Como observou Viktor Frankl, psiquiatra e sobrevivente dos campos de concentração nazistas já anteriormente mencionado: "O medo faz acontecer aquilo de que se tem medo".

O poder destrutivo do medo, se não controlado, pode ser devastador. Aqui estão algumas das coisas negativas que o medo pode fazer na vida de uma pessoa:

1. O medo gera mais medo

O que há de mais traiçoeiro no medo é a sua capacidade de piorar. C. Everett Koop, ex-médico-chefe dos Estados Unidos, observou: "As pessoas têm uma noção inadequada do que é perigoso". Se você não estiver convencido dessa afirmação, então pense nisso. Você tem medo de avião? Sabia que você tem mais chances de morrer engasgado com um alimento do que em um acidente de avião? Tem medo de morrer em um assalto? Você tem duas vezes a chance de morrer praticando um esporte do que morrer a facadas cravadas por um estranho. Tem medo de tubarão? Todos os anos, porcos criados em currais matam mais pessoas do que os tubarões. Preocupado com uma cirurgia? Você tem 16 chances a mais de morrer em um acidente de carro do que morrer de complicações cirúrgicas.

Raramente aquilo de que temos medo acontece. Em nossa mente, projetamos desastres iminentes que provavelmente nunca acontecerão. E quando eles não acontecem, pensamos: "Ufa! Essa foi *por pouco*!", ao passo que, na verdade, nossos próprios pensamentos eram a única coisa que estava criando o perigo potencial para nós.

2. O medo leva à falta de ação

Um homem encarregado de fazer o censo seguia longe para uma área rural a fim de concluir o trabalho em sua região. Passando de carro pelas estradas rurais, ele viu muitas casas com placas que diziam: "Cuidado com o cão". No portão do último endereço de sua lista, ele viu outra placa com o mesmo aviso, perto de um celeiro, quando entrava em uma fazenda.

Com medo de sair do carro, ele buzinou e logo um homem saiu do celeiro seguido por um pequeno chihuahua na sua cola.

Ao acabar de fazer as perguntas e de preencher seus papéis, o homem do censo mencionou o número de placas com o aviso sobre cães que havia visto e perguntou:

– Todas essas placas são para este cão?

– Com certeza – respondeu o fazendeiro, levantando o amável cachorrinho.

– Mas esse cachorro não mantém ninguém afastado.

– Eu sei – disse o fazendeiro – mas as placas, sim.

A lição é a de que o medo é como um sinal de aviso que nos deixa com medo de um cachorro que não pode nos machucar!

As pessoas que deixam que algum tipo de medo se apodere delas se vêem cada vez mais amendrontadas. O medo pode criar um ciclo debilitante. Veja como isso muitas vezes funciona.

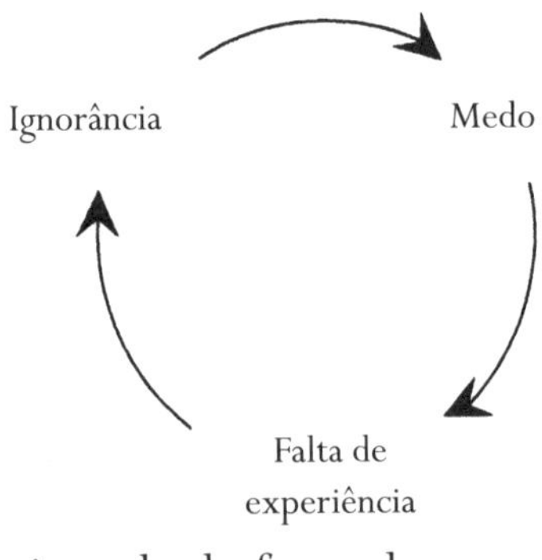

O medo impede de fazer algo que nos poderia ser útil. Tomar uma atitude é algo que exigirá que sigamos rumo ao desconhecido. Isso pode ser assustador. Contudo, se nos entregamos ao nosso medo, não avançamos. Não recebemos o benefício daquilo que evitamos, nem obtemos a valiosa experiência que nos deixaria mais bem informados. Conseqüentemente, continuamos a ignorar essa área da vida, e a ignorância quase sempre gera mais medo, fazendo com que seja muito mais difícil avançar e concluir coisas.

Não podemos deixar que o medo nos paralise. Como observou John F. Kennedy: "Há riscos e custos para um programa de ação, mas são bem menores do que os riscos de longo alcance e os custos da confortável inércia". Se tivermos muito medo do fracasso, provavelmente nunca teremos sucesso. Se tivermos medo de morrer, dificilmente viveremos. Tudo na vida tem um certo grau de risco.

3. O medo nos enfraquece

Harry Truman, 33º presidente dos Estados Unidos, observou: "O pior perigo que enfrentamos é o perigo de sermos paralisados por dúvidas e medos. Esse perigo é causado por aqueles que abandonam a fé e ridicularizam a esperança. É causado por aqueles que espalham cinismo e desconfiança e tentam nos cegar para nossa grande chance de fazer o bem para toda a humanidade".

Medo e ansiedade são emoções que debilitam. São juros que você paga antes por uma dívida que talvez nunca tenha feito. E esses sentimentos minam a fé – em nós mesmos, nos outros e em Deus.

Medo	**Fé**
Enfraquece	Fortalece
Aprisiona	Capacita
Desanima	Encoraja
Adoece	Cura

C. H. Spurgeon, pregador e autor do século XX, afirmou: "Nossa ansiedade não leva as aflições do amanhã, mas apenas as forças do hoje". Uma pessoa não pode ser controlada pelo medo e ao mesmo tempo controlar suas próprias forças. Isso é simplesmente impossível de acontecer.

4. O MEDO CONSOME ENERGIA

Um velho provérbio alemão diz: "O medo faz o lobo maior do que ele realmente é". Por causa disso, quando deixam que o medo se apodere delas, as pessoas gastam uma energia valiosa de um modo como não deveriam. Como? Às vezes elas evitam coisas que não podem de fato prejudicá-las, como o homem que voltou para sua cabana durante as férias, depois de uma longa caminhada, todo arranhado e machucado.

– O que aconteceu? – perguntou sua esposa.

– Encontrei uma cobra no caminho – o homem respondeu.

– Você não se lembra? – a mulher perguntou. – O guarda-florestal disse para nós ontem que nenhuma das cobras daqui é venenosa.

– Elas não precisam ser venenosas para fazerem você pular de um penhasco de seis metros!

É óbvio que o problema do homem era o medo – não a cobra.

Outras vezes, as pessoas desperdiçam energia fantasiando soluções para problemas que temem aparecer em seu caminho. Ironicamente, o que começou como um medo infundado se pode transformar em um problema real porque a pessoa desperdiçou energia pensando em coisas que gostaria que fossem realidade, em vez de pensar em uma ação eficaz. Joe Tye, autor de *Never Fear, Never Quit* [Nunca tenha medo, nunca desista], diz:

> O pensamento baseado no desejo é o cadeado que o medo põe na porta da prisão. O medo permite que você se entregue, por um tempo, aos encantos do pensamento fantasioso. De algum modo, você pensa, acontecerá algo que fará os problemas desaparecerem. Quando você acorda, é tarde demais. O que você temia aconteceu; e o medo o venceu. A única maneira de fugir da prisão do medo é agir. Você não pode ter vontade de sair, não pode esperar sair. Você pode apenas agir para sair. Sempre que você foge da prisão do medo, você fica mais forte.[6]

O ponto principal é que o medo pode empurrá-lo para a direção errada, produzindo uma energia nervosa que o leva a causar o maior mal possível em uma situação nova, ou pode consumir sua energia enquanto você luta contra seus efeitos paralisantes.

5. O medo impede que nós e os outros alcancemos nosso potencial

O psicólogo Randall B. Hamrock observou: "Em 20 anos [de prática como psicólogo] conversei com, pelo menos, 10.000 homens e mulheres jovens, examinei-os e dei-lhes orientação vocacional. Uma característica que quase todos apresentaram foi a tendência de não se darem o devido valor". O medo nos priva de nosso potencial. Faz-nos menores do que realmente somos. Um dos maiores erros que podemos cometer na vida é termos o medo constante de cometer um erro.

Quando cedemos ao medo, já fomos vencidos. As pessoas que são dominadas pelo medo ficam onde é seguro. E isso é triste porque as pessoas não podem atingir seu potencial ficando onde é seguro. Pior ainda, elas impedem os outros de atingirem seu potencial também. Quando um líder é dominado pelo medo, ele se torna um obstáculo para as pessoas que o seguem. Muitas pessoas não conseguem atingir seu potencial porque seus líderes têm medo.

Um episódio da História dos Estados Unidos ilustra bem isso. Durante a revolução norte-americana, as Bahamas foram capturadas pela Espanha. Em abril de 1783, Andrew Deveaux, um tenente-coronel da Carolina do Sul, recrutou alguns membros da milícia e colonos da Ilha de Harbour e planejou tomar Nassau usando uma estratégia inteligente.

Deveaux tinha consigo apenas 200 homens, uma milícia muito menor que a dos espanhóis, no entanto, conseguiu ganhar terreno na ilha depois de um rápido combate. Os espanhóis então ficaram a observar enquanto os barcos repetidamente traziam grupos e mais grupos de homens dos navios de Deveaux para sua posição defensiva em terra firme. O que os espanhóis não sabiam era que os mesmos homens continuavam de um lado para o outro, ficando em pé enquanto vinham para a ilha e escondendo-se, deitados no barco, enquanto voltavam para os navios. O líder das tropas espanholas, temendo uma derrota nas mãos de uma grande milícia em posição defensável, entregou-se.

O dramaturgo William Shakespeare escreveu: "Nossas dúvidas são traidoras e nos fazem perder aquilo que poderíamos conquistar se não fosse o medo de tentar". Isso certamente se aplica ao citado incidente da história.

Como lidar com o medo

Então, como uma pessoa pode lidar com o medo em vez de ser manipulada por ele? Se você é contrário a correr riscos e prisioneiro do medo, talvez esteja se perguntando se uma pessoa deve ter uma grande coragem ou um talento excepcional. A resposta é que o medo pode ser dominado por qualquer pessoa. Aqui estão os passos que recomendo a qualquer um que esteja enfrentando dificuldade para avançar por causa do medo.

1. Admita seus medos

Vários veteranos sentaram-se para conversar sobre seus dias no Velho Oeste, quando um deles disse:

– Nunca me esquecerei da vez em que matei um índio.

– Você atirou nele? – perguntou outro veterano.

– Não – disse o primeiro.

– Matou-o lutando com uma faca? – perguntou o segundo homem.

– Não, nada disso – respondeu o primeiro. – Eu o fiz correr até morrer.

– Até onde você o perseguiu?

– Eu não o persegui – disse o primeiro veterano. – Eu estava na frente.

Você não pode vencer seus medos a menos que, primeiro, reconheça que eles existem. Faça uma lista do que o faz sentir medo. Se você se sentir incapaz de fazer isso, talvez esteja fugindo desses sentimentos. Se isso estiver acontecendo, comece a prestar atenção no que sente. Quando seu coração dispara sem nenhuma razão visível? Quando você exibe uma energia nervosa sem nenhuma razão visível? Esses tipos de respostas podem ser conseqüências do medo.

2. Descubra a fonte de seus medos

Um homem que tinha um medo mórbido de trovão foi procurar um famoso psiquiatra para fazer um tratamento.

– Você tem uma doença chamada brontofobia – disse o médico para o homem. – É bobagem ter medo de trovão na sua idade. Pense no trovão como se fosse um tambor na sinfonia da vida.

– E se isso não funcionar? – perguntou o homem.

– Bem, então faça o que eu faço. Quando ouvir um trovão, encha os ouvidos de algodão, vá se arrastando para debaixo da cama e cante "Maria tinha um carneirinho" com toda a força de sua voz até ele parar.

Os medos da maioria das pessoas não estão baseados em fatos, mas em sentimentos. Penso no *medo* como falsas expectativas que parecem reais. Você precisa olhar além dos sentimentos irracionais que talvez tenha e descobrir as expectativas que estão debaixo deles. O humorista norte-americano James Thurber escreveu: "Todos os homens deveriam se esforçar para aprender, antes da morte, aquilo do que estão fugindo, para onde vão e por quê". Esse é o próximo passo no processo.

3. Perceba como seus medos podem limitá-lo

O filósofo e cardeal católico J. H. Newman advertiu: "Não tema o fato de que sua vida chegará ao fim, mas o fato de que ela nunca terá um começo". É isso que pode acontecer se você deixar que o medo domine sua vida. Honestamente, grande parte de nossos medos é totalmente infundada. Na verdade, estudos mostraram que 95% do que tememos não têm fundamento. O restante são simplesmente coisas com as quais devemos aprender a conviver. Talvez a melhor abordagem seja adotar a atitude da poetisa Gertrude Stein, que disse: "Considerando-se que tudo é perigoso, nada é realmente assustador".

Estudos mostram que 95% do que tememos não têm fundamento.

Não há garantias na vida. As pessoas procuram muitas coisas para protegê-las: alarmes residenciais, cheques de viagem, aspirinas, guarda-chuvas, sistemas GPS e *airbags*. Mas a verdade é que a vida é perigosa e prejudicial para sua saúde, e, no final, irá matá-lo. Por isso, tomara que você também aproveite a vida ao máximo.

4. Aceite o medo normal como o preço do progresso

Um dos segredos do sucesso não é deixar o que você não pode fazer interferir no que você pode fazer. W. Clement Stone, empresário milionário e filantropo, que começou sua carreira empresarial vendendo jornais aos 5 anos e seguros em tempo integral aos 16 anos, nunca deixou que o medo o impedisse de ter sucesso. Como um forte proponente do pensamento positivo, Stone disse que o segredo para fazer vendas era ir aonde você não queria ir e fazer o que não queria fazer.

Descobri que isso também acontece em minha própria carreira. Hoje, sou mais conhecido por minhas palestras públicas. Eu não era eficaz. Lembro-me de que eu realmente tinha medo. Então, quando tive a chance de falar em um evento como aluno do último ano da faculdade, me saí mal. As pessoas que me conheciam depois descreveram meu estilo de discurso como "rígido". Mas persisti nele. Comecei a examinar comunicadores eficazes e falei para públicos pequenos em todas as oportunidades. Levei sete anos para me sentir à vontade nas palestras. Só então pude desenvolver e aperfeiçoar meu estilo de comunicação.

Com o tempo, tive oportunidade para falar para públicos maiores. A primeira vez que falei para mais de mil pessoas foi no auditório do Memorial de Veteranos de Guerra, em Columbus, Ohio, na década de 1970. Na década de 80, falei para um público de mais de 10.000 pessoas pela primeira vez durante uma reunião de jovens na Universidade de Illinois. Na década de 1990, falei para 68.000 pessoas no RCA Dome, em Indianápolis. E, a partir de 2000, tenho falado ao vivo em eventos que são transmitidos simultaneamente para públicos ainda maiores.

Não digo isso para me gabar. Digo porque, quando tive medo naquele primeiro compromisso para dar uma palestra, eu não fazia idéia de para onde isso me levaria. Mas não deixei que o medo me dominasse. Em vez disso, eu o aceitei como o preço que teria de pagar pelo progresso pessoal.

Shakespeare certa vez disse: "Não deixe que seu medo o impeça de dar alguns passos em seu desenvolvimento. Nunca se sabe aonde eles podem levar".

5. Converta medo em desejo

O empresário do boxe Cus D'Amato acreditava no seguinte: "O herói e o covarde sentem exatamente o mesmo medo, só que o herói enfrenta seu medo e o converte em paixão". Quase todas as emoções negativas que sentimos podem ser convertidas em algo positivo para nos ajudar a ir mais longe na vida.

Você tem medo da pobreza? Converta-o em uma ética de trabalho positiva.

Você tem medo da avareza? Converta-o em generosidade.

Você tem medo da rejeição? Converta-o em uma capacidade de se relacionar com as pessoas.

Você tem medo da futilidade? Converta-o no préstimo aos outros.

Roger Babson, fundador do Babson College e Webber International University, observou: "Se as coisas dão errado, não vá com elas". Pelo contrário, construa um novo caminho. As pessoas podem dar uma reviravolta na vida pegando aquilo que antes causava medo e usando a energia para fazerem algo positivo e que valha a pena.

> *"Se as coisas dão errado, não vá com elas".*
> *– ROGER BABSON*

6. Concentre-se nas coisas que você pode controlar

Muitas coisas nesta vida você não pode controlar. Não há uma boa razão para se preocupar com essas coisas. O escritor Harold Stephens observa: "Há uma grande diferença entre preocupação e interesse. Uma pessoa preocupada vê o problema, e uma pessoa interessada resolve o problema".

Como se tornar alguém capaz de resolver problemas? Concentre-se nas coisas que você pode controlar. Isso normalmente significa duas coisas. A primeira é sua atitude. Ao interagir com as pessoas, você não pode controlar as ações delas – independentemente de quanto possa gostar disso. Mas você pode controlar sua atitude. Lembre-se de que o que acontece *com* você não é tão importante quanto o que acontece *em* você. A segunda é sua agenda. Você talvez não seja capaz de controlar as circunstâncias de hoje, mas pode fazer o possível para planejar o tempo que você tem. A maioria das pessoas que temem o futuro têm medo porque não se preparam para o futuro.

7. Dê atenção ao dia de hoje – não ao de ontem ou ao de amanhã

O ontem e o amanhã parecem clamar por nossa atenção. O ontem quer que critiquemos decisões passadas e nos preocupemos em saber se fizemos a coisa certa. Mas isso é desperdiçar energia. Como disse o presidente Harry Truman: "Se você fez o possível – se fez o que tinha de fazer –, não adianta se preocupar, porque nada poderá mudá-lo".

O futuro também pode levar-nos a perder oportunidades no presente. Gosto do que a ex-primeira dama, Barbara Bush, disse sobre o futuro, comparando-o a um passeio de trem:

> Entramos naquele trem quando nascemos e desejamos atravessar o continente porque temos em mente

que, em algum lugar lá fora, há uma estação. Passamos por cidadezinhas silenciosas olhando pela janela do trem da vida, campos de trigo e silos, ruas cortando a ferrovia, ônibus lotados de pessoas pelas estradas ao nosso lado. Passamos por cidades e fábricas, mas não olhamos para nenhuma delas porque queremos chegar à estação. Acreditamos que lá exista uma estação com uma banda tocando e bandeiras penduradas balançando, e, quando chegarmos lá, aquele será o destino da vida. Na verdade, não chegamos a conhecer ninguém no trem. Andamos de um lado para o outro pelos corredores olhando para nosso relógio, ansiosos para chegarmos à estação porque sabemos que a vida tem uma estação para nós.

Esta estação muda para nós durante a vida. Em primeiro lugar, para a maioria de nós, é quando completamos 18 anos, saímos do colégio. Então a estação é aquela primeira promoção e depois passa a ser os filhos indo para a faculdade e depois a aposentadoria e depois... tarde demais reconhecemos a verdade – a de que deste lado daquela cidade cujo construtor é Deus de fato não há nenhuma estação. A alegria está na jornada e a jornada é a alegria.

Mais cedo ou mais tarde, você percebe que não existe nenhuma estação e a verdade da vida é a viagem. Leia um livro, tome mais sorvete, ande descalço com mais freqüência, abrace um filho, vá pescar, ria mais. E, à medida que estiver andando, descubra uma maneira de fazer com que este mundo seja mais bonito.[7]

A maioria das pessoas chega a um outro destino que não é aquele que esperam na vida – um pouco melhor, um pouco pior, mas completamente diferente. Por isso, concentrar-se no destino não é uma boa idéia. Além disso, pode ser que haja futuro; pode ser que não. Não há garantias.

O único lugar onde realmente temos algum poder é no presente. Faça o que você pode fazer aqui e agora – a despeito de seu medo – e você terá a satisfação de saber que está fazendo tudo o que está ao seu alcance para atingir seu potencial.

> *"Passei por coisas terríveis em minha vida, e algumas delas de fato ocorreram". – MARK TWAIN*

8. Alimente a emoção certa e mate a errada

Na vida, tanto a fé como o medo aparecerão dentro de você, e é você quem escolhe qual deles prevalecerá. Alguém certa vez escreveu:

> Duas naturezas batem dentro de meu peito,
> Uma é imunda, a outra abençoada.
> Uma eu amo, a outra odeio;
> A que eu alimento dominará.

A questão é que essas duas emoções *sempre* estarão presentes em você. A emoção que você sempre alimenta é a que dominará sua vida. Você não pode esperar que o medo simplesmente desapareça. Se você sempre se concentrar em seus medos, acolhê-los e se entregar a eles, eles aumentarão. Para finalmente vencê-los é preciso matá-los. Não dê nada de seu tempo ou energia aos seus medos. Não os alimente com fofocas ou notícias sensacionalistas negativas ou filmes assustadores. Concentre-se em sua fé e alimente-a. Quanto mais energia e tempo você dá a ele, mais forte ele se torna. E toda vez que você sentir medo de fazer alguma coisa, mas seguir em frente e a fizer, você estará reprogramando sua atitude. Quando você sentir medo, isso significará "vá", em vez de "pare", e "lute com mais força", em vez de "desista".

Abri este capítulo escrevendo sobre como Franklin D. Roosevelt venceu grandes obstáculos, incluindo o medo, para se tornar um líder mundial. Eleanor Roosevelt, sua esposa, também foi uma grande empreendedora e líder por seus próprios méritos. Quando seu marido foi acometido pela poliomielite, ela não só cuidou dele até ele se restabelecer, mas também manteve vivas as aspirações políticas do marido, envolvendo-se na política do Estado de Nova York como representante dele. Promoveu causas dos direitos humanos enquanto Franklin era presidente e, após chorar a morte do marido, tornou-se representante das Nações Unidas. Ela certa vez escreveu: "Você ganha força, coragem e confiança por meio de cada experiência em que você realmente pára e encara o medo de frente. Você pode dizer para si mesmo: 'Sobrevivi a este horror. Posso lidar com o que vem a seguir'. Você tem de fazer exatamente aquilo que acha que não consegue".

É isso que vencer o medo talvez seja para você – fazer o que você acha que não consegue. Mas, independentemente do quão forte seja a influência que o medo possa tentar ter sobre você, ele pode ser vencido, pois ele está em sua mente, e você pode mudar de opinião usando aquilo que faz diferença – a sua atitude.

Como sua atitude pode fazer diferença com relação ao medo

Até que ponto o medo é um fator determinante em sua vida? Até que ponto ele domina sua atitude? Avalie-se seguindo a lista a seguir. Faça um círculo no número que mais se aproxima ao modo como você se sente com relação ao medo:

1. Não me lembro da última vez em que realmente tive medo, mesmo correndo riscos consideráveis diariamente.
2. Raramente tenho medo, e só tenho quando alguém próximo a mim (mesmo) está fisicamente em perigo; assumo riscos razoáveis e consigo lidar bem com minha ansiedade.
3. Tenho um pouco mais de medo do que gostaria de ter e, se tivesse mais coragem, faria mais das coisas que realmente gostaria de fazer na vida.
4. O medo é um fator expressivo em minha vida diária; evito qualquer coisa que considero arriscada ou perigosa.
5. Tenho medo de muitas coisas no dia-a-dia e isso muda meu modo de levar a vida.

Aqui está o que recomendo que você faça de acordo com o modo como se avaliou:

Se fez um círculo no n° 1, você é uma pessoa pouco comum que não tem um medo normal, talvez até quando está em situações perigosas. Você talvez tenha de moderar suas ações com mais discernimento e sabedoria.

Se fez um círculo no n° 2, você tem uma boa atitude com relação ao medo e consegue lidar muito bem com ele.

Você deveria tentar encorajar os outros que têm mais dificuldade para lidar com o medo do que você.

Se fez um círculo no nº 3 ou nº 4, você está em uma excelente posição para melhorar sua vida mudando sua atitude para com o medo. Comece identificando a fonte de seus medos e decidido a transformar seu medo em paixão. Para cada área do medo, imagine qual seria o equivalente positivo e então crie um plano de ação para cultivar esta qualidade. Depois se concentre no que você pode controlar *hoje*. E não se esqueça de que o medo é o preço normal pelo progresso.

Se fez um círculo no nº 5, então o medo está realmente levando o que há de melhor em você, e você terá dificuldade para vencê-lo sozinho. Converse com um conselheiro, clérigo ou médico para obter conselhos sobre como proceder.

9 *Fracasso*

Quando o assunto é fracasso, tenho de concordar com Jan Christian Smuts, primeiro-ministro da África do Sul na primeira metade do século XX, que desejava derrubar o sistema do *apartheid* do país. Ele disse: "Um homem não é derrotado por seus inimigos, mas por si mesmo". A maioria das pessoas não precisa aprender mais sobre como vencer seus rivais. Elas precisam aprender a sair do seu próprio caminho.

Auto-sabotando comportamentos

Há três tipos de pessoas neste mundo: "os que vão", "os que não vão" e "os que não podem". Os primeiros fazem tudo. Os segundos opõem-se a tudo. Os terceiros não conseguem nada. As pessoas que fazem muita coisa, sem dúvida, são competentes, mas sua atitude também faz uma grande diferença. Uma atitude positiva definitivamente irá ajudá-lo a fazer parte do segundo grupo. E se você aprender a lidar corretamente com o fracasso, poderá ficar longe do terceiro grupo.

O que tende a arrastar as pessoas para o grupo dos "que não podem"? Na maioria das vezes, há quatro coisas:

1. Esperando o fracasso

A Lei do Comportamento Humano diz: "Mais cedo ou mais tarde, teremos o que esperamos". Na maioria das vezes, as pessoas que continuam a fracassar são aquelas que esperam. São como os pessimistas cuja lápide diz: "Esperei por isso".

> *Mais cedo ou mais tarde, teremos o que esperamos.*
> *– A LEI DO COMPORTAMENTO HUMANO*

Em sua autobiografia, a atriz Helen Hayes escreveu sobre o dia de Ação de Graças em que preparou seu primeiro peru. Antes de servi-lo, ela deu um aviso para o marido e para o filho.

– Agora sei que este é o primeiro peru que já preparei – ela disse. – Se ele não estiver bom, não quero que ninguém diga uma palavra. Nós simplesmente iremos nos levantar da mesa, sem tecer comentários e iremos comer em um restaurante.

Hayes então foi para a cozinha e voltou para a sala de jantar com o peru. Lá estavam seu marido e seu filho sentados à mesa – de chapéu e casaco.[1]

2. Personificando o fracasso

As pessoas não podem agir de um modo inconsistente com a maneira como se vêem. Todos fracassam. Mas as pessoas que sempre fracassam esperam fracassar e normalmente *se vêem como fracassos*. Há uma grande diferença entre fracassar e ser um fracasso.

O cronista esportivo Grantland Rice observou: "O fracasso não é tão ruim se ele não atingir o coração. Tudo certo com o sucesso se ele não subir à cabeça". Se quiser manter uma boa atitude e ter sucesso, você não pode levar seus fracassos – ou seus sucessos – para o lado pessoal. Isso sempre é um perigo. Mas, à medida que fica mais velho, mais experiente e mais confiante, você percebe que seus fracassos não são críticos, e que seus sucessos não o definem totalmente.

3. Recusando-se a correr um risco

Vida significa risco. As pessoas que sabotam a si mesmas não deveriam se preocupar com o fracasso tanto quanto deveriam se preocupar com as chances que perdem quando nem tentam. Charles Parnell, escritor de discursos, observou: "Muitas pessoas estão tendo o que poderia ser chamado de 'experiências próximas da vida'. Elas passam a vida dando cabeçadas, com tanto medo do fracasso que nunca tentam ganhar os maiores prêmios, jamais conhecendo a emoção de atingirem o alvo ou até de tentarem acertá-lo".

Guillaume Apollinaire, escritor, poeta e crítico de arte francês, escreveu:

> Venham até a borda, ele disse.
> Eles disseram: Nós temos medo.
> Venham até a borda, ele insistiu.
> Eles disseram: Nós temos medo.

Eles foram,
Ele os empurrou... e eles voaram.

Aqueles que voam sempre saem, primeiro, da borda. Se quiser aproveitar uma oportunidade, você deve correr um risco. Se quiser crescer, você deve cometer erros. Se quiser atingir seu potencial, você terá de se arriscar. Do contrário, estará entregue a uma vida de mediocridade. As pessoas que não cometem erros acabam por trabalhar para aqueles que os cometem. E, no final, elas muitas vezes acabam por se arrepender da vida segura que levaram.

4. Deixando que o fracasso vença

Depois de uma derrota sobretudo terrível, Casey Stengel, lendário empresário do beisebol, observou: "Você tem de perder às vezes. Quando perder, perca direito". Todos experimentam perdas, mas nem todos se deixam deter por elas. Devemos nos educar para isso, preparando-nos para que nos recuperemos quando uma derrota acontecer. Como diz o jogador de sinuca profissional Steve Davis: "Talvez você não tenha culpa de ter sido derrubado, mas é sua culpa não se levantar". É isso que as pessoas com a atitude certa fazem – elas voltam a se levantar e continuam a tentar.

Talvez você não tenha culpa de ter sido derrubado, mas é sua culpa não se levantar". – Steve Davis

Como tirar proveito do fracasso

Se você não puder evitar o fracasso, mas também não tiver de se entregar a ele e deixá-lo dar cor ao seu pensamento, o que você fará com ele? A resposta é: tirar proveito dele. Vários anos atrás escrevi um livro chamado *Failing Forward* [Fracassando lá na frente]. A tese do livro era a de que a diferença entre as pessoas comuns e as pessoas empreendedoras é sua percepção do fracasso e a resposta a ele. O que cria a percepção e a resposta correta? A resposta é: aquilo que faz diferença. Quando você tem a atitude certa, pode de fato usar o fracasso a seu favor e tirar proveito dele. Veja como:

1. Mude sua atitude

O personagem de desenho animado Homer Simpson resumiu a atitude de milhões de pessoas quando disse: "Crianças, vocês fizeram o possível e fracassaram terrivelmente. A lição é: nunca tentem". Homer é o exemplo clássico de quem não atinge seu potencial. Em outro episódio, ele afirmou: "Tentar é o primeiro passo para o fracasso". Homer nunca tenta e, como muitas pessoas na vida real, ficará onde está para sempre.

Robert Half, pioneiro em equipes de trabalho em empresas, observou: "A preguiça é um ingrediente secreto que leva ao fracasso. Mas só é mantida em segredo pela pessoa que fracassa". As pessoas que têm sucesso desenvolvem uma atitude de tenacidade. Elas se recusam a desistir e estão decididas a não deixar que o fracasso as vença. Se quiser realizar seus sonhos, atingir suas metas e aproveitar a vida ao máximo, esse é o tipo de atitude que você precisa cultivar.

2. Mude seu vocabulário

Um famoso psiquiatra certa vez observou que a palavra mais triste no vocabulário humano é "se". Para ele, as pessoas que ficam presas em seus fracassos passam a vida toda dizendo: "Se – se eu tivesse tentado mais, se eu tivesse sido mais amável com meus filhos, se eu tivesse sido mais sincero, se..." A maneira de corrigir essa mentalidade é mudar o seu vocabulário, substituindo-o pelas palavras "da próxima vez" – "da próxima vez tentarei mais, da próxima vez serei mais amável com meus filhos, da próxima vez serei mais sincero".

O fracasso não é fracasso se você fizer melhor da próxima vez. Em *Leaders on Leadership* [Líderes na liderança], Warren Bennis entrevistou 70 das pessoas que têm o melhor desempenho do país em inúmeras áreas. Nenhuma delas usou a palavra *fracasso* para descrever seus erros. Pelo contrário, elas se referiram a adquirir experiências, lições válidas, contornos ou oportunidades de crescimento.[2] Talvez, para você, isso seja uma pequena diferença, mas essa pequena diferença pode fazer uma grande diferença. Seu modo de pensar determina seu modo de agir.

> *O fracasso não é fracasso se você fizer melhor da próxima vez.*

3. Dê pouca atenção às condições

Você pode achar que, na vida, as condições são desfavoráveis para você. E daí? Toda pessoa que já fez algo importante teve de vencer, por vezes, condições adversas. O problema para a maioria das pessoas não são as condições. O problema é que elas se subestimam demais. R. H. Headlee observou: "A maioria das pessoas pensa pequeno demais, tem ambições pequenas demais e desiste rápido demais".

Quando o assunto é aquilo que você gosta de fazer, aquilo para o que foi feito, tenha grandes ambições. As condições pouco importam. Se você cair ao longo do caminho, pouco importa. Você caiu quando estava aprendendo a andar, não caiu? Maxwell Maltz, criador da psicocibernética, diz: "Você é um campeão na arte de viver se atingir apenas 65% de seus objetivos". Se as condições mostram que você cometerá muitos erros no caminho do sucesso, que assim seja. Desde que você, no final, tenha sucesso, não é isso o que importa? Lembre-se de que se, a princípio, você não tiver sucesso, estará dentro da média.

4. Deixe que o fracasso lhe aponte o sucesso

Oliver Goldsmith nasceu na Irlanda na década de 1700 e era filho de um pobre pregador. Enquanto crescia, não foi um excelente aluno. Na verdade, seu professor apelidou-o de "cabeça-dura". Conseguiu se formar na faculdade, mas terminou como último de sua turma. Ele não sabia ao certo o que queria fazer. A princípio, tentou se tornar um pregador, mas a carreira não lhe favoreceu e ele nunca foi reconhecido como tal. Depois tentou Direito, mas fracassou. Então decidiu fazer Medicina, mas era um médico diferente e não tinha paixão por sua profissão. Era capaz de ocupar vários cargos apenas temporariamente. Goldsmith vivia na pobreza, ficava freqüentemente doente e uma vez teve até de penhorar suas roupas para comprar comida.

Parecia que ele nunca encontraria seu caminho. Mas ele descobriu um interesse e uma aptidão para escrever e traduzir. De ínicio, trabalhou como revisor e escritor da Fleet Street. Mas depois começou a escrever obras que eram de seu próprio interesse. Ele garantiu sua reputação como romancista com *O Vigário de Wakefield*; como poeta com "The Deserted Village" [A vila deserta] e como dramaturgo com *She Stoops to Conquer* [Ela se dobra para vencer].

Meu amigo, Tim Masters, diz que o fracasso é a parte produtiva do sucesso. Ele provê a estrada que você não tem para viajar novamente, a montanha que não tem para subir novamente e o vale que não tem para atravessar novamente. No momento em que você está cometendo erros, eles podem não parecer "o beijo de Jesus", que era o termo usado por Madre Teresa para se referir aos fracassos que nos levam a Deus. Mas, se tivermos a atitude certa, eles podem nos levar ao que deveríamos fazer.

5. Agarre-se ao seu senso de humor

Uma das melhores coisas que você pode fazer para si mesmo quando fracassar é aprender a rir. Gosto do comentário feito por um humorista que disse que falava em nome de uma organização em que eles sempre avaliavam o palestrante da reunião anterior em seu programa usando sininhos. Os palestrantes que eram aplaudidos em pé tinham quatro sinos ao lado de seu nome. Aqueles que estavam acima da média tinham três. Os palestrantes que estavam na média recebiam dois sinos e os que não se saíam bem recebiam um. O humorista disse que, vários meses atrás, havia falado com eles, mas saiu de lá sem nenhum sininho.

Não existe uma pessoa que não se beneficiou com uma boa gargalhada, principalmente quando fez uma grande burrice. Quando você leva muito a sério seus erros, tudo parece ser uma questão de vida ou morte. Quando isso acontece, você, com certeza, se acaba. Para resolver isso, mantenha seu senso de humor, independentemente do quão ruins as coisas estejam.

6. Aprenda com seus erros

O dono de restaurantes e famoso *chef*, Wolfgang Puck, disse: "Aprendi mais com o restaurante que não dava certo do que com todos os restaurantes que foram um sucesso". Não é assim que as coisas normalmente são? Sei que aprendi mais com meus fracassos do que com meus acertos – nos momentos em que tive a atitude certa com relação a eles. Quando não tentei dar desculpas ou pôr a culpa nos outros, sempre aprendi. Essa é a razão por que gosto desta citação de Robert Kiyosaki, autor de *Pai Rico, Pai Pobre*. Ele diz: "Às vezes você vence e, em outras, aprende". Essa é a marca de uma grande atitude! Você não perde – você aprende.

"Às vezes você vence e, em outras, aprende".
– ROBERT KIYOSAKI

7. Não perca sua perspectiva

Quando o eticista e teólogo Reinhold Niebuhr fez a agora famosa "Oração da Serenidade", ele estava pregando em uma igrejinha em Massachusetts. Somente um pequeno grupo de pessoas estava na platéia naquele dia, mas uma pessoa gostou da oração e, após a cerimônia, pediu-lhe uma cópia.

– Aqui está – respondeu Niebuhr, entregando-lhe um pedaço de papel amassado. – Duvido que voltarei a usá-lo.

Aquela simples oração continuou até se tornar a oração mais publicada nos Estados Unidos, tendo sido adotada pelos Alcoólatras Anônimos.[4] É irônico que a oração de Niebuhr tenha se tornado tão popular. É óbvio que a perspectiva dele não era boa, pois ele não sabia o que tinha.

Quando Don Shula, que aparece no Hall da Fama do Futebol Americano, era técnico do Miami Dolphins, ele costumava aplicar a regra das 24 horas. Ele permitia a si mesmo, a seus jogadores e a seus treinadores comemorar uma vitória ou lamentar uma derrota somente durante 24 horas após um jogo. Passadas as 24 horas, era o momento de pensar em preparar-se para o próximo jogo. Esse tipo de perspectiva fez de Shula um dos técnicos mais bem-sucedidos na história da NFL.

O fracasso é como o sucesso – é um processo diário, não um lugar aonde você chega em um dia. O fracasso não é um evento do passado. É como você lida com a vida ao longo do caminho. É verdade que você cometerá erros, mas não pode concluir que é um fracasso até dar seu último fôlego de vida. Até lá, você ainda está no processo e ainda há tempo para mudar o jogo.

8. Não se familiarize tanto com o fracasso

Em uma tira cômica de *Snoopy*, Lucy deixa escapar mais uma bola rebatida no ar. Ao se aproximar de Charlie Brown, na posição de arremessador, tenta se explicar, e diz:

– Pensei que a tivesse pegado, mas, de repente, lembrei-me de todas as outras que perdi.

Então Lucy resume com a maior das desculpas:

– O passado passou diante de meus olhos.

É claro que Lucy estava bem familiarizada com o fracasso.

Certa vez, ouvi alguém dizer que vencer é chegar em quarto lugar, exausto, mas emocionado porque chegou em quinto da última vez. Essa é a maneira certa de pensar no fracasso. Se você deixa que seus erros acabem com você e pára de tentar, é porque você foi morar na casa do fracasso. Esse é um lugar onde ninguém deveria morar.

9. Faça do fracasso um medidor do crescimento

Se você era fã de beisebol durante o início da década de 1960, provavelmente se lembra de um jogador do Los Angeles Dodgers chamado Maury Wills. De 1960 a 1966, Wills era recordista em roubar bases. Só na temporada de 1962, ele roubou 104 bases!

Wills estabeleceu outro recorde durante aquela época: o maior número de expulsões enquanto roubava bases. Em 1965, ano em que roubou mais bases do que qualquer outro jogador das principais ligas, ele também manteve o recorde de vezes em que foi flagrado roubando: 31 vezes.

A maioria dos aficionados por beisebol não se lembra dos fracassos de Wills; eles se lembram apenas de seus sucessos. Mas se Wills tivesse se deixado desanimar por causa de suas expulsões, não teria continuado a tentar roubar bases e jamais teria estabelecido recorde algum.

As pessoas de sucesso entendem o papel que o fracasso desempenha na realização. Isso se aplica a qualquer esforço na vida. O inventor Thomas Edison disse: "Não me desencorajo, porque cada tentativa errada descartada é outro passo adiante". E a ginasta, medalhista de ouro, Mary Lou Retton afirmou: "Atingir aquele objetivo é uma sensação boa, mas, para chegar lá, é preciso também passar pelos fracassos. Você tem que se levantar e continuar". Sejam milhares de experiências que não dão certo ou milhares de quedas da barra usada por uma ginasta, os marcos na estrada do sucesso são sempre fracassos. Quanto mais longe você for, mais fracassos experimentará.

> *"A pessoa interessada no sucesso tem de aprender a ver o fracasso como uma parte inevitável e saudável do caminho para se atingir o topo". – JOYCE BROTHERS*

A psicóloga Joyce Brothers observou: "A pessoa interessada no sucesso tem de aprender a ver o fracasso como uma parte inevitável e saudável do caminho para se atingir o topo". Você tem de aprender a realmente ver o fracasso como um amigo, uma companhia para o sucesso. Se você não estiver sofrendo fracassos, é provável que não esteja realmente avançando. Você está simplesmente fazendo o que é familiar, confortável e seguro. Como disse o ator Mickey Rooney: "Você sempre passa pelo fracasso no caminho para o sucesso".

10. Nunca desista

Um jovem que havia acabado de ir para a faculdade decidiu levar para casa uma amiga que ele estava pensando em namorar para que ela conhecesse sua mãe. Uma vez que sua amiga não teve a aprovação de sua mãe, ele rapidamente esqueceu a idéia de namorá-la e levou outra garota para casa, esperando ter mais sorte. Mas essa garota também não correspondeu aos padrões de sua mãe. Uma a uma, ele levou para casa todas as garotas que conheceu e nenhuma delas foi aprovada por sua mãe.

Cansado, ele foi procurar uma garota exatamente igual à sua mãe. Ela tinha a mesma altura, tinha a mesma cor de pele e até os mesmos costumes. *Com certeza*, ele pensou, *ela não fará nenhuma objeção a* essa *garota*. E ele estava certo. Sua mãe amou a garota. Só havia um problema: o pai não a aprovou!

Fracasso não significa que você nunca terá sucesso. Simplesmente significa que o sucesso demorará mais a vir. John Wayne tem uma importante fala no filme *Os Chacais do Oeste*. Ele diz: "Você vai passar o resto da vida se levantando mais uma vez quando for derrubado, por isso é melhor começar a se acostumar com a idéia". Sucesso é isso – levantar-se mais uma vez depois de cair. Você não faz idéia de como pode estar perto daquilo que deseja alcançar. Se desistir, você nunca saberá – e estará garantindo que nunca chegará lá. Ben Stein, autor, advogado, economista e ator, diz: "O espírito humano nunca se acaba quando é vencido. Ele se acaba quando se entrega". Meu conselho é: nunca desista!

Fracasso não significa que você nunca terá sucesso. Simplesmente significa que o sucesso demorará mais a vir.

Cerca de 20 anos atrás, a revista *Time* descreveu um estudo realizado por um psicólogo com pessoas que haviam perdido o emprego três vezes porque a fábrica em que trabalhavam havia fechado. Os autores ficaram surpresos com o que descobriram. Eles esperavam que as pessoas demitidas se sentissem derrotadas e desanimadas. Em vez disso, viram que elas eram extraordinariamente resistentes. Por quê? Eles concluíram que as pessoas que haviam passado por repetidas adversidades haviam aprendido a se recuperar. As pessoas que haviam perdido um emprego e encontrado um novo duas vezes antes estavam muito mais preparadas para lidar com a adversidade do que alguém que sempre trabalhou no mesmo lugar e nunca havia enfrentado alguma adversidade.[5]

Pode parecer irônico, mas se você teve muitos fracassos, está realmente em uma posição melhor para alcançar o sucesso do que as pessoas que não os tiveram. Quando você fracassa, e fracassa, e fracassa novamente – e continua a se pôr em pé e a aprender com seus fracassos –, você está criando força, tenacidade, experiência e sabedoria. E as pessoas que desenvolvem tais qualidades são capazes de sustentar o próprio sucesso, ao contrário de muitas para as quais as coisas vêm cedo e facilmente. Por isso, se você fracassou muito, comemore. Contanto que não desista, você está em uma posição realmente boa.

Como sua atitude pode fazer diferença com relação ao fracasso

É difícil colocar o fracasso na perspectiva correta se você continua a adotar comportamentos em que sabota a si mesmo. Responda às quatro perguntas a seguir honestamente:

1. **Expectativas:** Qual é normalmente a previsão para seu dia – nublado ou ensolarado? As coisas normalmente dão certo ou dão errado para você? Qual é a porcentagem do tempo que você espera ter sucesso em coisas que faz no dia-a-dia? Marque sua resposta na linha abaixo.

0 25 50 75 100

Grande parte das coisas parece sair como quero | Nada sai como quero

2. **Auto-imagem:** Como você se vê quando o assunto é fracasso? Talvez seja difícil discernir isso. Você acredita ser uma pessoa muito competente e bem-sucedida que às vezes fracassa ou você é basicamente um fracasso que está se esforçando para evitar erros?

0 25 50 75 100

Sou um sucesso que às vezes fracassa | Sou um fracasso

3. **Risco:** Qual é o papel do risco em sua vida? O risco é uma parte normal e saudável para se alcançar o sucesso ou é algo a ser evitado a qualquer preço? Talvez a melhor maneira para discernir como você realmente se sente é fazer a pergunta desta forma: que porcentagem do tempo você dedica à procura de conforto, segurança, paz e do *status quo*?

0 — 25 — 50 — 75 — 100

Poucos riscos razoáveis — Evito riscos a qualquer custo

4. **Tenacidade:** Pense nas quatro ou cinco prioridades de sua vida. Se você não conseguir citá-las de cara, pense um pouco no assunto e as anote. Em que porcentagem dessas prioridades você perdeu o entusiasmo e deixou de lutar para melhorar e ter sucesso? Se não tiver certeza, use o seguinte como um medidor: se você não viu uma melhora significativa no último ano, então é provável que não esteja se esforçando adequadamente para ter sucesso naquela área.

0 — 25 — 50 — 75 — 100

Ainda estou lutando para ter sucesso — Perdi meu entusiasmo

Se você assinalou a opção maior que 25% em alguma das quatro perguntas acima, então é possível que esteja exibindo um comportamento de auto-sabotagem. Use a lista de perguntas a seguir para ajudá-lo a mudar seu modo de pensar da próxima em vez que você experimentar o fracasso.

- Fracassei por causa de outra pessoa, por causa de minha situação ou por minha própria causa?
- Realmente fracassei ou simplesmente não correspondi a expectativas não-realistas?
- Que parte deste "fracasso" foi bem-sucedida?
- Que lições posso aprender com isso?
- Sou grato pela experiência a despeito do resultado?
- Há uma maneira de transformar o fracasso em sucesso – para mim ou para os outros?
- As pessoas que conheço tiveram uma experiência similar; nesse caso, elas podem me ajudar?
- Como posso usar minha experiência para ajudar os outros a evitar problemas deste tipo?
- Para onde vou daqui para frente?

10 *A atitude que faz diferença na sua vida pode ajudá-lo a fazer diferença* na vida dos outros

Atitude não é tudo, mas é uma coisa que pode fazer diferença na sua vida. Realmente acredito nisso e espero que, a esta altura, você já tenha descoberto que essas palavras não são apenas uma verdade, como também mudam potencialmente a vida. As pessoas que têm sucesso não têm menos desafios que ninguém. Agora você percebe que as pessoas de sucesso experimentam mais fracasso, vencem mais problemas, atravessam mais desafios e lidam com ele de modo mais intenso do que aquelas que não têm sucesso. Como elas fazem isso? Elas deixam que aquilo que faz diferença faça, de fato, diferença!

Recentemente recebi uma carta de Kevin Keup, presidente da K. Keup Concrete Construction, em Bativia, Illinois, descrevendo como ele fez algumas mudanças importantes em sua vida. Veja o que ele escreveu:

> Prezado senhor,
>
> Dois anos atrás, no Dia dos Pais, ganhei seu livro *The Power of Attitude* [O poder da atitude] de presente de minha esposa. Ao examiná-lo, uma passagem fez-me parar. Na página 23, a

citação é: "Pessimista é uma pessoa que, independentemente do presente, está decepcionada com o futuro". Aquilo me acertou em cheio. Referia-se à pessoa em que, sem me dar conta, eu havia me tornado. Eu não sabia que estava naquela posição negativa até ler aquelas palavras e fui forçado a acertar as contas com a pessoa em que havia me transformado...

Eu estava na empresa havia vinte e nove anos naquele momento e, por vinte e oito daqueles anos, fui um otimista. Quaisquer dificuldades que apareciam em meu caminho, quando eu me deitava na cama, desapareciam. A uma certa altura, mudei. Aquela frase em seu livro foi um verdadeiro estímulo para mim. Reconhecer que eu estava vivendo em um terrível pessimismo tornou-se um movimento crucial para mim e deu início a uma jornada de mudança em minha vida.

Fui renovado espiritual, emocional e fisicamente durante essa jornada ao longo dos dois últimos anos. Como dono de meu próprio negócio, tenho uma oportunidade única de passar o que penso para as pessoas que trabalham comigo. Uma coisa que implementamos aqui foi a inclusão de um trecho de seu livro e de outras fontes em cada folha de pagamento da semana para quase 40 pessoas.

Trabalhamos no ramo da construção e fazer com que essas mensagens cheguem aos nossos homens tem sido eficaz e gerado uma mudança positiva. Alguns deles põem as citações na geladeira ou no quadro de avisos para compartilharem-nas com a família...

Tudo isso começou com o seu livro e com o poder daquela frase em particular e eu simplesmente gostaria de lhe agradecer.

Sinceramente,
Kevin Keup

Quando uma pessoa reconhece que sua atitude não está certa, isso abre a porta para uma mudança positiva e uma grande oportunidade.

Ajudando você – ajudando os outros

Quero deixá-lo com alguns pensamentos importantes enquanto você acaba de ler este livro e se prepara para aproveitar o poder daquilo que faz diferença na sua vida e na dos outros.

1. Tome a decisão de deixar que aquilo que faz diferença faça diferença na sua vida

Nunca se esqueça de que sua atitude é uma escolha. Você é a única pessoa que pode decidir aproveitar o poder daquilo que faz diferença. Enquanto você pensa nessa decisão, considere o seguinte:

> Há uma escolha que você tem de fazer em tudo o que faz.
>
> Por isso, lembre-se de que, no final, a escolha que você faz é o que faz você.

Para muitas pessoas neste mundo, aquilo que faz diferença nunca fará diferença. Por quê? Elas escolheram uma atitude que não é vantajosa para elas. Se alguém não estiver optando deliberadamente por ter a atitude certa, então essa pessoa estará optando por ter a atitude errada.

2. Administre sua decisão todos os dias de sua vida

As escolhas que fazemos na vida não *continuam* assim sozinhas. Em meu livro *Today Matters*, chamo a atenção para o seguinte: "As pessoas de sucesso tomam decisões certas logo cedo e administram essas decisões diariamente". Tomar decisões é importante. Não podemos mudar e crescer sem tomarmos decisões. Contudo, administrar as decisões é algo que é extremamente desprezado. Achamos que nossas boas decisões automaticamente continuarão sendo boas, mas não é assim. Toda decisão acertada que tomamos deve ser administrada todos os dias. Você se lembra do que Kevin Keup disse em sua carta? Ele disse que havia "sem se dar conta, se tornado" uma pessoa negativa – mesmo depois de ser uma pessoa positiva durante 28 anos e meio!

O problema dele era um problema de administração. Ele não conseguia administrar sua atitude. E aprendi por experiência que é mais fácil *manter* uma atitude certa do que *recuperá-la*! Comece cada dia optando, conscientemente, por administrar sua atitude como uma influência positiva na sua vida.

> *É mais fácil manter uma atitude certa do que recuperá-la.*

3. Não deixe que a adversidade tenha um efeito contrário em sua atitude

Todos podem ter uma boa atitude quando as coisas vão bem. Mas o que acontece com você quando as circunstâncias na sua vida vão mal? Lembre-se dos Cinco Grandes

Obstáculos à Atitude que mencionei no livro: desânimo, mudança, problemas, medo e fracasso. Qual deles tem mais chances de afetá-lo de modo negativo? Você está sempre se preparando para enfrentar seus desafios? Você precisa estar mentalmente preparado para não deixar que as dificuldades o vençam.

Em setembro de 2005, o furacão Katrina deixou uma marca de destruição no sul dos Estados Unidos. Alguns dias depois da tempestade, surgiu um artigo no jornal *USA Today* trazendo conselhos de pessoas que haviam passado por tragédias semelhantes para as pessoas da Costa do Golfo norte-americano. Eis o que o artigo dizia:

> Veteranos de alguns dos piores desastres naturais da nação nos últimos anos oferecem estas palavras de conselho para as vítimas do furacão Katrina:
>
> Tenham paciência. "É provável que demore mais para se recuperar do que vocês imaginam", diz Curt Ivy, administrador da cidade de Homestead, na Flórida, ponto de impacto do furacão Andrew em 1992. "Achávamos que estaríamos de volta dentro de três a cinco anos. Realmente não sabíamos de nada."
>
> Cuidado com empreiteiros duvidosos. "Vocês sabem que haverá todo tipo de empreiteiro mal-intencionado em Nova Orleans", diz Bob Boucher, cuja casa em Houston foi inundada pela tempestade tropical Allison, em 2001. Não paguem materiais adiantado e não paguem tudo antes de a obra estar concluída.
>
> Poupem dinheiro. Se estiverem desempregados, considerem a possibilidade de ligar para os credores e suspender os pagamentos, em vez de pagarem as contas em dia. "Vocês precisam de dinheiro até esta

situação passar", diz Stan Thomas, que perdeu sua empresa de financiamento no terremoto de Northridge, de 1994, que atingiu o sul da Califórnia.

Preparem-se para a falta de trabalho e de materiais. Vejam desde já quais serão suas necessidades, como placas de concreto – e mão-de-obra.

Apóiem-se em outras pessoas, incluindo conselheiros e igrejas. "A coisa mais importante é poder contar com amigos próximos e familiares realmente juntando forças", diz Jacob Spenn, que gerencia o Projeto de Recuperação da Tempestade Tropical Allison, no Condado de Harris, no Texas. "As comunidades mais sofridas parecem se recuperar mais rápido".

Vão devagar e tenham fé. "Não façam nada com pressa", diz Phil Halstead, que perdeu sua casa para um tornado na cidade de Oklahoma seis anos atrás. "A princípio, vocês pensam: 'Não tem como eu sair desta confusão', mas vocês sairão. Vocês têm de ser fortes mentalmente, pois o desastre, com certeza, poderia vencê-lo pelo cansaço".

Observe que grande parte dos conselhos dados pelas pessoas que sobreviveram a outras tragédias concentrou-se em questões voltadas para a atitude: tenham paciência, tenham cuidado, preparem-se, apóiem-se nos outros, tenham fé e sejam mentalmente fortes. Esses veteranos da adversidade estão, em essência, dizendo: "Vocês não poderiam controlar o Katrina e não podem controlar suas circunstâncias, mas *podem* controlar sua atitude. Se fizerem isso, ela fará diferença na vida de vocês. Ela pode fazer diferença entre desistir e se recuperar".

4. Uma vez que aquilo que faz diferença fizer diferença em sua vida, ajude os outros a descobrirem o que faz diferença na vida deles

Quero que você observe mais uma coisa sobre a carta de Kevin Keup. Ele não está guardando para si o poder de uma atitude positiva. Ele está compartilhando o que faz diferença com seus funcionários porque ele sabe que isso irá ajudá-los. E o resultado é que aquilo que faz diferença está começando a se espalhar pela empresa e a fazer diferença ali.

Qualquer pessoa que ajude os outros a descobrirem o impacto causado por aquilo que faz diferença ajuda a si mesma, ajuda os outros e faz de seu cantinho no mundo um lugar melhor para se viver. Quem não gostaria de estar perto de pessoas que acreditam em si mesmas e nos outros, que têm esperança e trabalham de forma positiva para resolver problemas e vencer dificuldades?

Já faz quase 30 anos que escrevo livros e continuarei a fazer isso por uma razão: quero dar valor às pessoas. Às vezes, as pessoas como Kevin escrevem para mim para dizer que um livro que escrevi fez diferença na vida delas. Na maioria das vezes, as pessoas cujas vidas sofrem um impacto positivo nunca contam isso para mim. Não tem problema.

Recentemente minha amiga Carole Bos compartilhou comigo a história de uma pessoa que fez diferença em sua vida e seu desespero para fazer com que essa pessoa soubesse do impacto que causou. Fiquei tão fascinado que pedi a ela que escrevesse a história para mim para que eu pudesse compartilhá-la com você. Aqui está:

> Era uma daquelas noites úmidas de inverno em que o vento, soprando do mar, fez-me desejar uma lareira

e um bom livro. Em vez disso, eu tinha de fazer uma prova final.

Morávamos em um apartamento sem lareira. Eu tinha 21 anos de idade, estava tentando aprender holandês e alemão ao mesmo tempo. Meu professor, de licença concedida pela Universidade do Sul da Califórnia, estava encerrando seu ano letivo de alemão na Holanda. A noite do exame seria a última vez em que eu o veria antes de ele voltar para os Estados Unidos.

No final da aula, o professor dispensou os alunos, mas pediu que eu ficasse por alguns minutos: "Gostaria de dar nota em seu exame antes de você ir embora". Achei estranho o pedido, mas fiz-lhe o favor. Eu não fazia idéia de que ele estava para mudar minha vida.

Ao devolver para mim a prova com a nota, aquele professor da Universidade do Sul da Califórnia disse: "Carole, quero conversar com você sobre seu futuro. Já faz muito tempo que leciono nesta faculdade. Tive muitos alunos que passaram pelas minhas aulas. Você é uma das alunas mais brilhantes desses muitos alunos, mas não sabe desse fato sobre si mesma. Ao sair daqui esta noite, quero que você se lembre de minhas palavras: você pode fazer qualquer coisa que quiser fazer. Você pode ser qualquer coisa que quiser ser. Você precisa mudar sua atitude quanto ao que você pode realizar. Antes de seguirmos nosso caminho, quero que você me prometa que fará isso".

Suas palavras ficaram gravadas em minha memória quando percebi que ele não tinha outro motivo senão o seu desejo de me dar o melhor. Contei nossa conversa para Jim, meu marido.

"Ele está certo", observou Jim. "Acho que você deveria estudar Direito e ser uma advogada." No final das contas, aceitei o conselho dos dois.

Trabalhando duro na faculdade, conciliando emprego e escola, consegui me formar como primeira aluna da sala. Durante a faculdade de Direito, trabalhei como escrivã para uma firma onde aprendi a advogar em tribunais. Depois de me formar, esperando uma carreira com um título de Doutora em Jurisprudência nas mãos, desmoronei. A firma contratou todos os escrivãos homens como advogados permanentes. Quanto a mim, a única escrivã que havia feito o *Exame da Ordem*: "Mulheres não deveriam advogar em julgamentos". Para advogar em tribunais, tive de abrir minha própria firma.

Vinte e cinco anos depois, fui abençoada com uma grande equipe na Bos & Glazier, onde trabalhamos com clientes maravilhosos. Tive o privilégio de tratar de muitos casos interessantes por todo o país, escrever livros inspiracionais e dar palestras motivacionais. Minha grande tristeza é que não pude levar nossos filhos à escola. Contudo, aproveitando que gosto de contar histórias, meus diplomas de História e de estudos russos, e minha habilidade como advogada de tribunal em encontrar as principais fontes, posso afetar a vida das crianças em qualquer lugar graças ao AwesomeStories.com, um *site* usado em escolas por todo o país (como uma ferramenta *on-line* de ensino/aprendizagem) e em 75 países (como uma maneira divertida para as pessoas melhorarem seu inglês).

Gostaria que meu professor da Universidade do Sul da Califórnia soubesse que ele se tornou uma das cinco pessoas mais influentes na minha vida. O problema é que... não me lembro mais do nome dele.

Muitos milhões de pessoas são como esse professor. Todos os dias elas dão valor a outras pessoas e há uma probabilidade muito grande de que, na maioria dos casos, elas nunca fiquem sabendo que fizeram diferença. Isso também não tem problema. Esse batalhão de pessoas que fazem diferença entende que o sucesso de cada dia deveria ser julgado pelas sementes que elas plantaram e não pela colheita que fizeram.

O sucesso de cada dia deveria ser julgado pelas sementes plantadas, e não pela colheita feita.

Você não gostaria de se juntar a nós nesta cruzada para fazer diferença na vida de outras pessoas? Eu acredito que sim. Como autor, espero que este livro faça diferença em sua vida. Quanto você o terminar, espero que você faça diferença na vida de outras pessoas. É sobre isso que *Você faz a diferença* fala. Boa sorte!

Notas

Capítulo 1: De onde vem sua atitude?

1. CONKLIN, Bob. *The Dynamics of Successful Attitudes*. New York: Prentice-Hall, 1963.
2. BAKER, Howard. "Frankl, Victor E. (1905-1997)", obituário, *Gale Encyclopedia*, http://www.findarticles.com/p/articles/mi_g2699/is_0004/ai_2699000472 (acessado em 15 de setembro de 2005).
3. RUNYON, Pamela Jessica. "Viktor E. Frankl", *Empire:zine*, http://www.empirezine.com/spotlight/frankl/frankl1.htm (acessado em 15 de setembro de 2005).

Capítulo 2: O que sua atitude *não pode* fazer por você

1. JAYSON, Sharon. "Yep, Life'll Burst That Self-Esteem Bubble", *USA Today*, 15 de fevereiro de 2005, http://www.usatoday.com/life/lifestyle/2005-02-15-self-esteem_x.htm (acessado em 14 de setembro de 2005).
2. Ibid.
3. HYBELS, Bill. *Liderança Corajosa*. São Paulo: Editora Vida, 1ª edição, 2002, 84.
4. "Positive Attitude Delays Aging", BBC News World Edition, 12 de setembro de 2004, http://news.bbc.co.uk/2/hi/health/3642356.stm (acessado em 15 de setembro de 2005).
5. http://www.getmotivation.com/favorites12.html.
6. "Peter Jennings", Wikipedia, http://en.wikipedia.org/wiki/Peter_Jennings (acessado em 19 de setembro de 2005).
7. Ibid.

Capítulo 3: O que sua atitude *pode* fazer por você

1. WAITLEY, Denis. *The Winner's Edge*. New York: Berkley, 1986.
2. ROSENBAUM, Ernest H. e ROSENBAUM, Isadora R. "Attitude – The Will

to Live", Cancer Supportive Care Programs National and International, reimpresso em *Coping with Cancer*, março/abril de 1999, http://www.cancersupportivecare.com/attitude.html#Mind (acessado em 23 de setembro de 2005).
3. Ibid.
4. MILTON, John. *Paraíso Perdido, Livro 1*, verso 253.

Capítulo 4: Como fazer de sua atitude sua maior qualidade
1. Citado em http://www.eyeforbeauty.com/Personal/Philosophy/life.html.
2. PEALE, Norman Vincent. *O Poder do Fator Extra*. Rio de Janeiro: Editora Record, 2ª edição, 1993.
3. Anúncio da Adidas, *ESPN: The Magazine*, 16 de fevereiro de 2004.

Capítulo 5: Desânimo
1. Adaptado de "How You Can Tell When It's Going to Be a Rotten Day", http://www.joke-archives.com/toplists/rottendy.html.
2. FLOOD, Charles Bracelen. *Lee: The Last Years*. New York: First Mariner Books, 1998, 136.
3. *The Megiddo Message*.
4. "Colonel Harland Sanders", sobre KFC, www.kfc.com/about/colonel.htm.
5. HILL, Napoleon. *Pense e Enriqueça*. Rio de Janeiro: Editora Record, 5ª edição, 2000.
6. STRICKLAND, Eliza. "Happy Birthday 'Leaves of Grass'", http://jscms.jrn.columbia.edu/cns/2005-02-15/strickland-waltwhitman (acessado em 1° de novembro de 2005).
7. LLOYD-JONES, D. Martyn. *Spiritual Depression: Its Causes and Cure*. Grand Rapids, MI: Wm. B. Eerdmans Publishing Company, 1965, 20.
8. MAHER, Lucy. "Are You Too Hard on Yourself?".
9. "Exercise Regimen for the Workplace", http://www.ucolick.org/~de/humour/exercise.html.

Capítulo 6: Mudança
1. BAYLES, David e ORLAND, Ted. *Art and Fear*. Santa Barbara: Capra Press, 1993, 57.
2. BURNETT, Frances Hodgson. *O Jardim Secreto*. São Paulo: Editora Scipione, 1ª edição, 2004, 337.

Capítulo 7: Problemas
1. ZUERCHER, Tom. "And Let it Begin with Me", http://www.brethren.org/AC2001/Zuercher.htm.
2. *Forbes*, 16 de outubro de 1920, http://www.keepmedia.com/Auth.do?extId=10022&uri=/archive/forbes/2005/1017/044.html.

3. "Bits and Pieces", 9 de agosto de 2001, 21.
4. REEVES, Richard. *President Reagan: The Triumph of Imagination*. New York: Simon and Schuster, 2005.

Capítulo 8: Medo

1. ROOSEVELT, Franklin D. Discurso Inaugural, 4 de março de 1933, conforme publicado em ROSENMAN, Samuel, ed. *The Public Papers of Franklin D. Roosevelt, Volume Two: The Year of Crisis, 1933*. New York: Random House, 1938), 11-16, citado em http://historymatters.gmu.edu/d/5057 (acessado em 26 de novembro de 2005).
2. Gênesis 3:10, Nova Versão Internacional (NVI).
3. James Reich em *Journal of Nervous and Mental Disease*, março de 1986, citado em HANDLY, Robert e NEFF, Pauline. *Beyond Fear*. New York: Rawson Associates, 1987, 9.
4. Barna Research Group. "Most Americans Satisfied with Life Despite Having Quality of Life Issues", 26 de março de 2002, http://www.barna.org/FlexPage.aspx?Page=BarnaUpdate&BarnaUpdateID=109 (acessado em 26 de novembro de 2005).
5. *Dicionário Houaiss da Língua Portuguesa, http://houaiss.uol.com.br* (acessado em 20 de setembro de 2006.
6. TYE, Joe, autor de *Never Fear, Never Quit*. New York: Delacorte Press, 1997.
7. BUSH, Barbara. Discurso para a Escola de Ensino Médio de Kennebunk (Maine), fonte desconhecida.

Capítulo 9: Fracasso

1. HAYES, Helen. *On Reflection: An Autobiography*. New York: M. Evans and Company, 1968.
2. BENNIS, Warren. *Leaders on Leadership*. Boston: Harvard Business School Press, 1992.
3. KIYOSAKI, Robert. *Pai Rico, Pai Pobre*. Rio de Janeiro: Editora Campus, 53ª edição, 2002.
4. WARLICK JR., Harold C. *Conquering Loneliness*. Waco, Tex: Word Books, 1979.
5. FREEMAN, Arthur e DeWOLF, Rose. *As 10 Bobagens Mais Comuns que as Pessoas Inteligentes Cometem e Técnicas Eficazes para Evitá-las*. Rio de Janeiro: Editora Guarda-Chuva, 1ª edição, 2006.

Capítulo 10: A atitude que faz diferença em sua vida pode ajudá-lo a fazer diferença na vida dos outros

1. WOLF, Richard. "Words of Advice from Fellow Survivors", *USA Today*, 12 de setembro de 2005, A6.

Sobre o autor

John C. Maxwell, conhecido como o especialista em liderança dos Estados Unidos, fala pessoalmente para centenas de milhares de pessoas a cada ano. Ele tem passado seus princípios para empresas da Fortune 500, a Academia Militar dos Estados Unidos, em West Point, empresas de marketing internacionais, a NCAA (*National Collegiate Athletic Association* – Associação Atlética Universitária Nacional) e grupos esportivos profissionais como a NFL (*National Football League* – Liga Nacional de Futebol Americano).

Maxwell é fundador do Injoy Stewardship Services, bem como de várias outras organizações que se dedicam a ajudar pessoas a atingirem seu potencial de liderança. Ele dedica a maior parte de seu tempo ao treinamento de líderes por todo o mundo por meio da EQUIP, uma organização sem fins lucrativos. Autor de sucessos de venda que figuram no *New York Times*, ele escreveu mais de 40 livros, entre eles *Winning with People* [Ganhando com as pessoas], *The 360° Leader* [O líder 360 graus] e títulos que venderam milhões como *Developing the Leader Within You* [Desenvolvendo o líder que está em você] e *As 21 irrefutáveis leis da liderança*.

Este livro foi composto em fonte Perpétua 13/14,5 e impresso pela Ediouro Gráfica sobre papel Pólen Soft 80 para a Ediouro em outubro de 2006.